DO I KNOW GOD?

DO I KNOW GOD?
by Tullian Tchividjian

Originally published in English under the title:
Do I Know God? by Tullian Tchividjian
Copyright © 2007 by Tullian Tchividjian
Published by Multnomah Books
an imprint of The Crown Publishing Group
a division of Penguin Random House LLC
12265 Oracle Boulevard, Suite 200
Colorado Springs, Colorado 80921 USA

International rights contracted through:
Gospel Literature International
P.O. Box 4060, Ontario, California 91761-1003 USA

This translation published by arrangement with
Multnomah Books, an imprint of The Crown Publishing Group,
a division of Penguin Random House LLC

Korean edition © 2009, 2015 Word of Life Press
#5-9 Gyeonghuigung 1-gil, Jongno-gu, Seoul, 110-062, Korea
Translated and published by permission.
Printed in Korea.

나는 하나님을 아는가
하나님도 나를 아는가

ⓒ 생명의말씀사 2009, 2015

2009년 12월 5일 1판 1쇄 발행
2015년 4월 30일 2판 1쇄 발행

펴낸이 | 김재권
펴낸곳 | 생명의말씀사

등록 | 1962. 1. 10. No.300-1962-1
주소 | 서울시 종로구 경희궁1길 5-9(110-062)
전화 | 02)738-6555(본사) · 02)3159-7979(영업)
팩스 | 02)739-3824(본사) · 080-022-8585(영업)

기획편집 | 박미현, 유영란
디자인 | 김혜진, 최윤창
인쇄 | 영진문원
제본 | 정문바인텍

ISBN 978-89-04-16505-6 (03230)

저작권자의 허락없이 이 책의 일부 또는 전체를
무단 복제, 전재, 발췌하면 저작권법에 의해 처벌을 받습니다.

나는 하나님을 아는가
하나님도 나를 아는가

기독교의 최우선은 바로
하나님과의 관계라는 것을
어머니와 아버지를 보며 배웠습니다.
두 분께 이 책을 바칩니다.

추천의 글

우리가 하나님을 알고 하나님이 우리를 아신다는 걸 알면, 우리 삶에 힘과 평안과 기쁨이 넘치게 된다. 튤리안은 혼란에 빠진 사람들의 손을 잡고 그들을 확신의 세계로 인도한다. 전적으로 신뢰해도 좋은 보물 같은 책이다.
_ 제임스 패커, 『하나님을 아는 지식 Knowing God』의 저자

이 책은 우리가 그리스도에 의해 구원받았음을 어떻게 확신할 수 있는지 설명한다. 많은 불확실함 속에서 교인들을 제자로 세우는 데 힘들어하는 교회들을 위해 저자는 목회자의 마음과 지혜로 이야기한다. 성경에 충실하면서도 지금 세대가 이해하기 쉽게 전달하고 있다.
_ 데이비드 웰스, 고든콘웰신학교 조직신학 및 역사신학 교수

튤리안은 중요한 주제에 대해 단순하면서도 깊이 있는 책을 발표했다. 그는 우리가 하나님을 알고, 또 자신이 하나님을 안다는 사실을 깨닫기를 촉구한다. 당신은 하나님을 아는가? 이 책을 읽고 나면 가장 중요한 이 질문에 대답할 수 있을 것이다. 당신의 시간과 노력을 투자할 가치가 충분히 있는 책이다.
_ 마크 데버, 워싱턴 DC 캐피톨힐침례교회 담임목사

튤리안은 '나는 하나님을 아는가?' 라는 질문에 대해 매우 친절하고 참신하며 도움이 되는 해답을 제시한다. 그가 내놓은 답은 수많은 이들에게 중요한 지침과 격려가 될 것이다.
_ 오스 기니스, 『소명 The Call』의 저자

튤리안은 지혜와 은혜로움, 가감 없는 솔직함으로 때로는 불확실해 보이는 하나님을 알고 따르는 길을 명확히 볼 수 있게 도와준다. 이처럼 깊은 통찰이 담긴 책을 만나 흥분되는 마음을 감출 수 없다. 모두에게 큰 도움이 될 거라 확신한다.
_ 래비 재커라이어스, 『진리를 갈망하다 Can Man Live Without God?』의 저자

하나님을 정말 알 수 있을지 혼란스러워하는 사람들이 많다. 만유의 창조주 하나님과 관계를 맺는 것이 정말 가능할까? 나의 제자 튤리안은 하나님과의 관계 맺기가 가능하며, 또한 그것이 어떻게 가능한지 명쾌하게 설명한다. 철저히 성경적이며 균형 잡힌 시각으로 훌륭하게 이야기를 풀어 나간다. 이 책을 읽은 독자들 모두 하나님이 예수 그리스도 안에서 당신을 사랑하신다는 놀라운 확신을 얻기 바란다.
_ 존 프레임, 리폼드신학교 조직신학 및 철학 교수

contents

추천의 글　_6
서문_ 빌리 그레이엄
　　　: 새로운 세대를 일으키시는 하나님의 기도 응답　_10

PART 1　하나님, 제가 하나님을 아나요?

01 세상의 거짓말, 하나님은 알 수 없어!　_17
02 하나님을 정말로 안다는 것　_31

PART 2　저의 확신이 가짜면 어떡하죠?

03 영접 기도 했으니 괜찮을까?　_53
04 교회를 열심히 섬기면 괜찮을까?　_71
05 선행을 많이 하면 괜찮을까?　_83

PART 3　하나님을 아는지 어떻게 아나요?

06 하나님의 약속을 믿을 때　_107
07 마음과 생각을 점검할 때　_129
08 삶에서 순종을 경험할 때　_145

KNOW GOD?

PART 4 진짜 확신도 흔들리나요?

09 저절로 깊어져야 진짜라는 착각 _165
10 그래도 찾아오는 어둠의 시기 _181

PART 5 하나님, 더욱 알기 원합니다

11 그리스도인을 기다리는 최고의 결과 _199
STUDY GUIDE 12 하나님과의 관계를 살피는 55가지 질문 _217

감사의 글 _240
주 _244

서문

새로운 세대를 일으키시는 하나님의 기도 응답

_ 빌리 그레이엄(Billy Graham)

'하나님을 아는 것보다 중요한 것은 없다.'

 이 뚜렷한 결론으로 하나님이 이끄시기까지 저의 손자 튤리안은 많은 갈등을 겪으며 격렬한 사춘기를 보냈습니다. 그는 크리스천 가정에서 넘치는 사랑을 받으며 자랐지만, 하나님이 주신 모든 것을 거부하고 떠났습니다. 튤리안은 하나님이 아닌 다른 곳에서 만족과 확신을 찾으며 여러 해를 헤맸습니다. 그러나 어디서도 원하는 답을 찾을 수 없었습니다.

마침내 우리 가족의 기도를 들으신 하나님은 그의 눈을 여셨습니다. 그는 오직 하나님과의 관계만이 그동안 자신을 괴롭힌 갈증을 해소할 수 있음을 깨달았습니다. 우리는 하나님께서 그를 근본부터 급격하게 바꾸시는 과정을 모두 보았습니다. 하나님의 인도로 진리를 좇는 튤리안을 보며 우리도 많은 영향을 받았습니다.

튤리안은 이후 7년 동안 대학과 신학교에서 성경, 철학, 문화, 교회사, 신학, 성서 언어를 배웠습니다. 그는 나의 친구인 존 스토트의 이중적 귀 기울임(double listening)이라는 가르침에 따라 세상이 던지는 질문과 성경이 제시하는 답 모두에 귀를 기울입니다.

튤리안의 인생 경험과 신학적 역량의 독특한 조합은 그를 젊은 세대를 위한 성경적이고 현명한 카운슬러로 만들었습니다. 역동적인 설교자, 성공적인 교회 개척자인 그의 글은 명쾌하고 강력하고 무엇보다 성경적입니다.

새로운 세대가 목소리 높여 복음에 헌신하기를 저는 천국이 가까워진 이날까지 간절히 기도해 왔습니다. 튤리안이 쓴 이 책은 바로 저의 기도를 들으신 하나님의 응답입니다. 이때를 위해 하나님은 튤리안을 예비하셨습니다. "하나님을 아는 것보다 더 중요한 것은 없다!" 그가 다음 세대에게 담대하게 선포하도록 말입니다.

여러분이 펼쳐 든 튤리안의 이 책에는 지난 60여 년 동안 제가 반드시 전하고 싶었던 하나의 메시지가 담겨 있습니다. 우리가 하나님을 정말로 아는 것, 이것이 저의 첫 번째 책 『하나님과의 평화 Peace with God』에서부터 최근에 나온 『인생 The Journey』에 이르기까지 제가 사람들에게 이해시키고자 노력했던 메시지입니다.

독자 여러분을 위해 기도합니다. 나의 손자가 전하는 이 메시지에 주의 깊게 귀를 기울여 주십시오. 앞으로 이 책은 성경 다음으로 가장 중요한 책이 될 것입니다. 여러분이 두고두고 궁금해할 질문, 무엇보다 중요한 바로 그 질문에 답을 찾도록 도와주기 때문입니다. 이제 솔직한 마음으로 이렇게 물어보십시오.

'나는 정말 하나님을 아는가?'

PART 1

하나님,
제가 하나님을 아나요?

하나님과의 진정한 관계를
확신하고픈 소망

DO I KNOW GOD?

내가 믿는 자를 내가 알고
또한 내가 의탁한 것을 그 날까지
그가 능히 지키실 줄을 확신함이라 (딤후 1:12).
_ 사도 바울 (Apostle Paul)

01
DO I KNOW GOD?

세상의 거짓말,
하나님은 알 수 없어!

크리스마스가 지난 어느 날이었다. 내가 담임하던 뉴시티교회(New City Church)의 직원 대부분은 고향에 가거나 집에서 가족과 연휴를 보내고 있었다. 나도 휴가였지만, 그날은 필요한 책이 사무실에 있어 잠시 들렀다. 사무실은 조용했다. 도착한 지 몇 분이 지났을까, 누군가 문을 열고 들어왔다. 마이크였다.

마이크는 창가에 있는 의자에 털썩 앉았다. 연휴든 뭐든 당장 해결해야 할 고민거리가 있어 보였다. 그가 말했다. "사실 교회에 들어와 목사님께 물어보아야 할지 주차장에서 한 시간 넘게 고민했어요." 그는 마침내 용기를 내고 들어왔다면서 물었다. "제가 하나님을 아는지 어떻게 알 수 있습니까?"

마이크는 마태복음 7장에 대한 나의 설교를 듣고, 거의 1년을 이 질문 때문에 고민했다고 말했다. 마태복음 7장은 하나님을 안다고 생각했던 사람들 상당수가 하나님을 만났을 때 무시무시한 말씀을 듣게 되리라고 예수님께서 경고하시는 장이다.

"내가 너희를 도무지 알지 못하니 불법을 행하는 자들아 내게서 떠나가라"(마 7:23).

이 한 문장이 마이크를 괴롭혔다. 성경이 전하는 단호하고도 냉정한 그 비극이 머릿속에서 떨쳐지지 않았다. 평생 하나님을 안다고 생각했는데, 사실은 치명적인 착각이었다는 끔찍한 말을 끝에 가서 듣게 된다니. 마이크는 다시 물었다. "목사님, 하나님을 아는 게 가능하긴 합니까? 그러니까 제 말은, 정말로 하나님을 알 수 있습니까?"

하나님께 영원한 환영을 받을지 충격적인 박대를 당할지 이 땅에서 하나님을 알았는가로 결정된다면, 더더욱 심각한 문제 아닌가. 마이크는 이어서 질문했다. "제가 하나님을 아는지 어떻게 알 수 있습니까?"

그는 황금 같은 연휴에 난처한 질문으로 목사를 시험하려고 들이닥친 것은 분명 아니었다. 그의 얼굴은 풀리지 않는 의문 때문에 매우 혼란스럽고 괴로운 기색이 역력했다. 그는 답을 원했다. 아니, 답이 필요했다.

신을 믿는다니, 순진한 소리 말게

오늘날 대부분의 사람들은 확신이라는 단어를 깊이 의심한다. 더 이상 무엇도 확실해 보이지 않는다. 이 세상은 전쟁, 사회적 격변, 자연재해, 전염병, 인종 및 분파 갈등, 테러로 가득하다. 개인적 차원에서는 매일 수백만이 고용 불안, 가정불화, 경제적 고통, 공포와 싸운다. 이처럼 불안정한 세상에서 우리는 무언가를 확신한다고 믿기 어렵다.

2001년 9월 11일, 우리는 종교적 광신이 낳은 최악의 테러를 목격했다. 그 결과 많은 사람들이 종교에 극단적으로 심취한 사람들을 특히 불신하고 두려워하게 되었다. 이 세대가 다원주의, 관용, 통계와 확률에 더 안정감을 느끼는 것은 어쩌면 당연한 일인지도 모른다.

의심은 우리의 새로운 절대적 가치라 해도 지나치지 않다. 최근 〈타임 Time〉지에 실린 기사는 영적인 의심을 포용하는 것이 동서양의 정치적, 문화적 긴장을 제거하는 열쇠라고 말했다. 그리고 이 시대를 사는 우리가 취할 수 있는 가장 정직한 태도는 영적인 의심이라고 결론지었다. "신이 인간 인식의 범주 너머에 있다면, 신에 대해 확신할 수 없는 것은 당연하다."

이것이 하나님에 대한 확신을 구하는 우리가 얻을 수 있는 유일한 결과인가? 하나님은 무한하고 우리는 유한하다는 것, 하나님은 완벽하고 우리는 불완전하다는 것이 진리라면 우리가 하나님을 아는 것은 과연 가능한가? 이사야는 이렇게 말했다.

"이는 내 생각이 너희의 생각과 다르며 내 길은 너희의 길과 다름이니라 여호와의 말씀이니라 이는 하늘이 땅보다 높음 같이 내 길은 너희의 길보다 높으며 내 생각은 너희의 생각보다 높음이니라"

(사 55:8, 9).

이 질문에 대한 첫 번째 대답으로 나는 실화 하나를 예로 들고 싶다. "모든 것이 불확실한지는 확실하지 않다"고 말한 천재, 바로 블레즈 파스칼(Blaise Pascal)의 이야기다.

천재 물리학자의 결론, 하나님은 확실하다

1662년 8월 19일, 프랑스의 수학자이자 물리학자이며 철학자인 파스칼은 39세라는 젊은 나이로 세상을 떠났다. 영국의 학자 말콤 머거리지(Malcolm Muggeridge)는 파스칼을 "유럽이 배출한 최고의 지성 가운데 하나"라고 평했다.

파스칼이 죽은 후, 그의 코트 안쪽에 조심스럽게 꿰매진 양피지 조각 하나가 발견되었다. 양피지 위쪽에는 십자가가 새겨져 있었고, 아래에는 다음과 같은 글이 적혀 있었다. 지금은 〈메모리알 Memorial〉로 잘 알려진 파스칼의 글이다.

은총의 해 1654년

11월 23일 월요일……

밤 열시 반에서 열두 시 반까지.

불.

"아브라함의 하나님, 이삭의 하나님, 야곱의 하나님"(출 3:6),

철학자나 학자의 하나님이 아니다.

확신, 확신, 감지, 환희, 평화.

예수 그리스도의 하나님……

"내 하나님 곧 너희 하나님"(요 20:17).

"어머니의 하나님이 나의 하나님이 되시리니"(룻 1:16).

세상은 모두 사라져도 하나님만은 남는다.

복음을 통해서만 그를 만날 수 있다.

인간의 영혼이 지닌 위대함.

"의로우신 아버지여 세상이 아버지를 알지 못하여도

나는 아버지를 알았사옵고"(요 17:25).

환희, 환희, 환희, 환희의 눈물,

……

나는 절대로 그를 떠나지 않겠다.

복음에 의해서만 그와 머무를 수 있다.

감미롭고 완전한 단념.

예수 그리스도와 나의 인도자를 향한 완전한 복종.

찰나와 같은 지상의 수고로 얻게 될 영원한 환희.
"주의 말씀을 잊지 아니하리이다"(시 119:16 참조). 아멘! [1)]

무엇이 그의 감정을 이토록 벅차게 했을까? 1654년 11월 23일, 파스칼이 탄 마차가 다리에서 추락했다. 그때 죽음의 문턱까지 간 그는 15일 후 하나님을 개인적으로 강렬하게 만나고 그것을 기록했다. 그리고 남은 평생 그 기록을 가슴에 품고 다니며, 자신의 삶을 영원히 바꾼 '불 같은 밤(night of fire)'을 기억했다.

파스칼은 비극이 인접한 순간에 기쁨이 넘치는 하나님의 임재를 경험했다. "환희, 환희, 환희, 환희의 눈물 …… 나는 절대로 그를 떠나지 않겠다." 그러나 내가 가장 주목하는 부분은 이 대목이 아니다. 파스칼이 어떻게 자신이 경험한 기쁨과 평안을 확신했는지 하는 대목이다.

그는 하나님이 최고의 가치라는 걸 확신했다. "세상은 모두 사라져도 하나님만은 남는다." 그는 하나님의 은혜와 긍휼, 하나님의 사랑과 돌보심, 하나님의 선하심과 자비를 확신했다. 그는 그리스도에 대한 완전한 복종의 결과로 받을 미래의 상급을 확신했다. "찰나와 같은 지상의 수고로 얻게 될 영원한 환희."

그는 하나님을 알았다. 자신이 하나님을 안다는 것도 알았다. 그는 "철학자나 학자의 하나님"이 아닌 살아 계신 하나님을 알았다. 이것은 "인간의 영혼이 지닌 위대함"으로 그의 삶을 온전히 이끈,

이전에는 그가 절대 알 수 없던 확신이었다.

역사상 파스칼만큼 실재의 본성(nature of reality)을 깊이 연구한 사람은 없다. 고든콘웰신학교의 로버트 콜먼(Robert E. Coleman)은 이렇게 말했다. "다른 사람들은 아직 빛도 보지 못하는 나이에 파스칼은 인간 지식의 주기(週期)를 끝마쳤다. 그는 지식의 공허함을 깨닫고 자기 에너지를 지혜와 영광의 하나님을 아는 데 쏟았다."[2] 그리고 파스칼은 그가 변화된 불 같은 밤, 다음과 같은 사실을 발견했다.

"우리는 하나님을 알 수 있다. 하나님을 안다는 걸 알면 모든 것이 달라진다."

거기 계시며 말씀하시는 하나님

우리는 파스칼 같은 천재적인 물리학자도, 철학자나 수학자도 아니다. 그리고 우리 중에는 하나님을 만나는 불 같은 밤을 경험한 사람도 드물 것이다. 따라서 당연히 이런 궁금증이 생긴다. '우리 같은 평범한 사람도 하나님을 확신할 수 있을까?'

성경이 주는 답을 보면 위로가 된다. 하나님은 알려지기 원하시고, 모두에게 자신을 드러내기 원하신다. 프란시스 쉐퍼(Francis Schaeffer)의 『거기 계시며 말씀하시는 하나님 He is There and He is Not Silent』이라는 책 제목이 이를 잘 나타낸다. 물론 우리는 하나님의 모든 부분을 알 수 없다. 하지만 분명한 것은 우리는 하나님을 알 수 있다는 사실이다. 신학자 R. C. 스프로울(R. C. Sproul)은 다음과 같이 말했다.

> 하나님의 불가해성은 우리가 하나님에 대해 아무것도 모른다는 의미가 아니다. 다만 우리의 지식이 부분적이고 제한적이며, 총체적 또는 포괄적 지식에는 미치지 못한다는 뜻이다. 하나님께서 자신을 드러내심으로써 주신 지식은 실제적이고 유용하다. 우리는 하나님이 자신을 드러내기로 작정하신 만큼만 그분을 알 수 있다.[3]

• 자연, 모든 곳에 있는 하나님의 지문

첫 번째로 하나님이 자신을 드러내시는 곳은 우리를 둘러싼 자연 그 자체다. 고대 유대인들은 물리적인 세계를 하나님의 겉옷으로 보았다. 밝게 빛나고, 때로 두렵기까지 한 하나님의 옷자락은 무한하신 하나님을 가리기도 하고 부분적으로 드러내기도 한다. 다윗은 이렇게 말했다.

> "하늘이 하나님의 영광을 선포하고 궁창이 그의 손으로 하신 일을 나타내는도다 날은 날에게 말하고 밤은 밤에게 지식을 전하니"
>
> (시 19:1, 2).

하나님의 지문은 모든 곳에 있다. 블랙홀, 성운, 도롱뇽, 얼음 결정, 봄에 돋아나는 싹, 곰팡이, 소립자, 아기 울음소리, 노인의 얼굴, 당신 그리고 나. "우리는 하나님의 임재를 무시할 수는 있어도 피할 수는 없다. 세상은 하나님으로 가득하다." C. S. 루이스(C. S. Lewis)의 말이다. 선하시며 환희와 영광에 둘러싸인 하나님을 모든 자연이 가리키고 있다.

바울은 로마 제국의 이방인들 역시 이미 계시를 보았다며 다음과 같이 말했다. "이는 하나님을 알 만한 것이 그들 속에 보임이라 하나님께서 이를 그들에게 보이셨느니라 창세로부터 그의 보이지 아니하는 것들 곧 그의 영원하신 능력과 신성이 그가 만드신 만물에 분명히 보여 알려졌나니 그러므로 그들이 핑계하지 못할지니라"(롬 1:19, 20).

모든 피조물은 어떤 방법으로든 창조주를 드러낸다. 따라서 우리는 하나님이 자신을 확실히 보이신다고 자신 있게 말할 수 있다. 그런데 자연 말고도 하나님이 자신을 가장 정확하게 드러내시는 곳이 있다. 바로 가장 필수가 되는 그분의 말씀, 성경이다.

• 성경, 하나님이 친히 쓰신 가이드북

일반적으로 하나님은 자연 및 모든 선과 진리 가운데 자신을 나타내신다. 그리고 특별히 성경을 통해 자신을 나타내신다. 하나님의 피조물인 이 세계는 하나님의 위대함을 보여 준다. 그리고 성경은 하나님의 위대함을 보여 줄 뿐 아니라, 우리가 위대하신 하나님을 알 수 있도록 가르친다.

성경은 하나님의 이야기다. 우리는 성경을 통해 타락한 세상을 회복하시려는 하나님의 분명한 계획을 알 수 있다. 성경에 드러난 하나님은 "우주보다 광대한 설계자시며 …… 인간을 초월하는 생명력을 지니신다. 그는 살아 계신 하나님이시며 현존하시고 모든 곳에서 일하신다."[4)]

무엇보다 우리는 성경에서 하나님이 세운 계획의 주인공, 그 이야기의 영웅이 누구인지 알 수 있다. 바로 하나님의 아들이신 예수 그리스도시다. "이는 하나님의 영광의 광채시요 그 본체의 형상이시라"(히 1:3). 그분은 모든 잘못을 바로잡고, 모든 상한 것을 고치시며, 불화하는 모든 것을 화해시켜서 당신과 나처럼 타락한 인간이 하나님께 갈 수 있도록 하나님께서 보내신 구세주다.

우리는 자연을 통해 우리가 창조주께 의존하는 피조물임을 깨닫는다. 성경을 통해서는 우리가 구세주를 의지하는 죄인임을 깨닫는다(이에 대해서는 2장에서 더 나누겠다). 그리고 예수 그리스도를 통해서는 하나님에 대한 아주 중요한 사실을 깨닫는다. 하나님은 인간과 친밀한 관계를 간절히 바라신다.

정말이다. 하나님은 우리와 교제하기를 갈망하신다. 그래서 누구도 대신 치르지 못할 최고로 비싼 대가를 지불하셨다. 하나님과의 진실하고 완전한 관계를 우리가 영원히 소유하도록 말이다.

하나님을 아는 사람, 모르는 사람

앞으로 알게 되겠지만, 우리는 하나님과 친밀하고 생명으로 충만한 관계를 맺도록 창조되었다. 근본적으로 하나님을 원하고, 하나님을 필요로 하도록 만들어졌다.

그래서 우리는 하나님과의 관계가 끊어졌거나, 하나님께서 함께하신다는 확신이 없을 때 불안함과 공허와 불완전함을 느낀다. 우리가 누구인지는 중요하지 않다. 우리가 삶의 다른 영역에서 얼마나 안정감을 느끼는지도 중요하지 않다. 하나님의 형상을 따라 창조된 우리는 오직 하나님과의 진정한 관계가 주는 확신을 통해서만 만족할 수 있다.

마이크가 다녀간 후, 나는 간단하고도 중요한 사실을 깨달았다. 모든 사람은 하나님을 아는 사람과 그렇지 않은 사람, 이렇게 둘로 나뉜다. 단순하지만 진짜다. 어쩌면 이 사실에 충격을 받는 사람이 있을지 모르겠다.

성경도 우리가 어느 쪽에 속했는지 헷갈리지 않기를 분명히 전한다. 만약 우리가 하나님과의 관계 안에 있다면, 하나님은 우리가 하나님을 안다는 사실을 알기 바라신다. 반대로 하나님과의 관계 속에 없다면, 그 역시 알기 바라신다.

다시 말해 하나님과 관계를 맺고 있지 않은데, 관계를 맺고 있다고 생각하지 말라는 것이다. 반대로 하나님과 관계를 맺고 있는데, 그렇지 않다고 생각하는 것도 바람직하지 못하다.

여기서는 모르는 게 약이 아니다. 어느 쪽이든 당신이 몰라서 좋을 게 전혀 없다.

영혼의 닻이 흔들리지 않도록

이제부터 무엇보다 중요한 '나는 하나님을 아는가?'라는 질문의 답을 알아보겠다. 그전에 하나님과의 관계란 대체 무엇인지, 어떻게 진정한 관계 속으로 들어가는지, 그 결과 무엇을 기대할 수 있는지 알아보려고 한다.

또 영적인 것과 종교적인 것의 개념이 마구 뒤섞인 이때, 실상은 하나님을 모르면서 스스로는 안다고 착각하는 여섯 가지 경우에 대해서도 설명하겠다.

다음으로 "부르심과 택하심을 굳게"(벧후 1:10) 하기 위해 "믿음 안에 있는가 너희 자신을 시험"(고후 13:5)하라는 말씀에 따라 우리의 확신을 점검할 것이다. 그리스도인은 자신을 엄격히 점검할 때 하나님께서 약속하신 참된 관계에 영혼의 닻을 단단하고 확실하게 내리는 기쁨을 누린다(히 6:19 참조).

마지막으로 이토록 중요한 하나님과의 관계를 지속할 뿐 아니라, 그 관계를 감정적으로나 영적으로 풍성하게 누리는 방법을 소개하겠다. 개인 또는 공동체의 유익에 따라 12장에 수록된 55가지 질문을 사용하기 바란다.

이 책을 통해 당신이 창조주를 알고, 사랑받는 존재임을 알고, 당신이 하나님을 안다는 사실을 알게 되기를 바란다. 단순하면서도 심오한 그 진리를 이해할 때 당신의 삶은 달라질 것이다. 당신을 위해 진심으로 기도하겠다. 마지막 장을 읽는 당신의 마음에 열정과 확신이 넘쳐서 다음과 같은 고백이 터져 나오기를.

예수를 나의 구주 삼고 성령과 피로써 거듭나니
이 세상에서 내 영혼이 하늘의 영광 누리도다
이것이 나의 간증이요 이것이 나의 찬송일세
나 사는 동안 끊임없이 구주를 찬송하리로다 [5]

DO I KNOW GOD?

여행은 사랑하는 이를 만났을 때 끝난다.
_ 셰익스피어 (Shakespeare)

02

DO I KNOW GOD?

하나님을 정말로 안다는 것

'앎'은 인간의 갈망과 가능성으로 가득 찬 단어다. 그러나 관계 안에서 누군가를 정말로 안다는 건 때로 불가능한 일처럼 느껴진다. 그 대상이 하나님일 때는 더욱 그렇다. 하나님을 정말로 안다는 건 무엇일까?

하나님은 자신을 드러내시며 우리가 하나님을 알기 바라신다. 우리는 하나님을 알 수 있으며, 우리가 하나님을 아는지도 알 수 있다. 그러나 우리가 하나님을 아는지 확신하기 전에 먼저 알아둘 것이 있다. 바로 하나님과의 진실한 관계는 무엇이며, 우리는 어떻게 하나님과 진실한 관계를 맺을 수 있는지, 하나님과 관계를 맺는다는 건 무엇인지, 하나님을 알 때 우리는 무엇을 기대할 수 있는지 하는 것이다.

기독교는 단순히 특정한 교리를 고수하는 걸 뜻하지 않는다. 물론, 구체적인 믿음을 기반으로 한다. 신자들에게 도덕적인 삶을 권하고 기대하기는 하지만, 단지 윤리적인 삶만이 곧 기독교는 아니다. 물론 예배 참석과 같은 활동은 중요하다. 그러나 종교 활동 자체가 기독교는 아니다. 기독교의 핵심은 하나님과의 관계다. 하나님을 진실로 알고 개인적으로 아는 것이 무엇보다 중요하다. 그런데 여기서 잠깐, 우리가 반드시 구별해야 할 중요한 사실이 있다. '하나님에 대해 아는 것'과 '하나님을 아는 것'은 다르다는 사실이다.

나는 현직 미국 대통령에 대해 아는 게 많다. 그가 좋아하는 것과 싫어하는 것을 알고, 주요 이슈에 대한 견해, 그의 가족사와 배경들을 안다. 그렇다고 내가 대통령을 직접적으로 아는 것은 아니다. 대부분 어디서 읽었거나 뉴스에서 봤거나 다른 사람에게 들은 내용이다. 나는 그를 만난 적도 그와 악수 한 번 한 적도 없다. 당연히 그는 내 이름을 모른다. 아니, 내가 존재하는지조차 모른다.

이 나라의 지도자를 정말로 안다고 확신하려면, 그에 대해 얼마나 알아야 할까? 그와 나는 중요한 관계라고 확신하려면, 얼마나 알아야 할까? 중간에서 연결해 주는 사람이나 그 비슷한 것 없이 실제로 아는 일이 가능할까?

어떤가? 무엇이 문제인지 이제 알겠는가? 하나님에 대해 아는 것과 하나님을 아는 것 사이에는 그랜드캐니언(Grand Canyon)만큼의 차이가 있다. 그리고 둘 사이에는 '무언가'가 있는데, 나는 그것이 무엇인지 개인적인 경험으로 잘 알게 되었다.

여전히 무언가가 없다

나는 사랑이 넘치는 기독교 가정에서 일곱 형제의 중간으로 태어나는 축복을 누렸다. 신실하신 부모님은 우리를 하나님의 진리로 양육하셨다. 나는 성경을 읽고, 기도하고, 교회에 가고, 기독교 학교에도 들어갔다. 성경에 나오는 이야기도 전부 알았다. 주기도문, 십계명, 사도신경도 달달 외웠다.

나는 하나님의 존재를 한 번도 의심하지 않았다. 나 같은 죄인을 위해 하나님이 그분의 아들 예수 그리스도를 보내셨고, 예수께서 십자가에 달려 돌아가셨다는 사실을 믿었다. '이건 모두 사람이 지어낸 이야기야'라고 생각한 적도 없다. 하나님에 대한 나의 지식은 놀라울 정도로 성경적이고 정통적이었다.

그러나 안타깝게도 나는 하나님을 알지 못했다. 하나님에 대해서는 알았지만, 하나님과의 관계가 없었다. 언젠가 앤 숙모는 그리스도인이 되는 것에 대해 이렇게 말했다. "머리에 올바른 지식이 있더라도 무언가가 여전히 없을 수 있다." 나에게는 바로 그 무언가가 없었다. 그것도 매우 큰 무언가가.

변명은 아니지만, 여러 형제의 중간으로 태어나 자란다는 건 힘든 일이다. 나이 든 축에 속했다가 어린 축에 속하기도 하고, 양쪽의 책임은 모두 지면서 양쪽의 특권은 전혀 누리지 못한다. 그렇게 사춘기가 된 나는 자신이 누구이며 대체 어디에 속한 건지 혼란스러웠다. 가슴에 구멍이 뚫린 것 같았다. 나는 가족이 지지하는 가치를 거부하고 다른 사람, 다른 장소에서 그 구멍을 메우려 했다.

나의 반항은 사춘기에 누구라도 할 법한 일반적인 수준이 아니었다. 나는 16세에 고등학교에서 퇴학당하고 집에서도 나왔다. 정확히 말해 경찰관이 나를 집 밖으로 끌고 나왔다. 그 다음부터는 사우스플로리다 곳곳의 파티만 주구장창 따라다녔다. 만족스러웠다. 선생님과 부모님의 구속에서 해방됐다는 그 짜릿함! 나는 자유를 만끽하며 열심히 쾌락을 좇았다. 문란한 생활, 술, 심지어 마약까지……. 그것이 나 자신을 찾는 길이라 생각했다.

그렇게 몇 년이 지난 어느 날 문득 돌아보니 자유롭다 생각했던 나의 모습은 온데간데없고, 자신을 파괴하는 습관과 욕망의 노예만이 거기 있었다. 그토록 세상에서 헤맸지만 어디에도 나의 자리는 없었다. 20대가 되었는데 오히려 10대 때보다 더 혼란스러웠다. 눈이 가려진 채 아무런 지시나 도움 없이 더듬거리며 사는 기분이었다. 사는 게 이런 건가?

절망의 구렁텅이에 빠져 허우적대던 그때 하나님은 나라는 사람의 밑바닥으로 나를 데려가셨다. 나는 거기서 외면하고 싶던 나의의 실체를 보았다. 망가지고, 어리석고, 자아와 죄로 고집불통인 죄인. 그러나 동시에 다른 무언가도 보았다. 여전히 나를 사랑하시는 하나님, 자비로우신 하나님, 끈질기게 나를 원하시는 하나님. 그분은 변함없이 나를 구원하기 원하셨다. 내가 하나님을 알게 되기를 여전히 바라셨다.

그 밑바닥에서 나는 하나님을 내 삶에 모셨다. 그러자 진정한 의미의 삶이 비로소 시작되었다. 나는 하나님의 용서와 도우심을 구하며 울부짖었다. 하나님만이 나를 구원하실 유일한 분이라는 믿음이 확고했다.

하나님은 응답하셨고 나를 도우셨다. 내가 누구인지 모르는 데서 오는 공허는 오직 무언가, 내가 자라면서 한 번도 구한 적 없는 그 무언가를 통해서만 채워짐을 알게 하셨다. 그것은 신실하신 부모님에게도 물려받지 못했고, 내 고집대로 추구한 쾌락 속에서도 찾지 못한 것이었다. 바로 하나님과의 관계였다.

그때 나는 하나님께 구원받았다. 20여 년 만에 처음으로 느끼는 평안이었다. 나는 할 수 없었지만 하나님께서 하셨다. 나를 그랜드캐니언의 이쪽에서 저쪽으로 옮기셨다. 나는 말 그대로 "새로운 피조물"(고후 5:17)이 되었다. 이제 하나님을 알게 된 것이다!

하나님을 정말로 알려면 그분과 개인적인 관계를 맺어야 한다. 이것이 이번 장의 핵심이다. 무엇이 우리를 하나님과 갈라놓는지, 무엇이 우리를 하나님께 데려가는지, 하나님과 진실한 관계를 맺을 때 우리는 어떤 유대감을 느끼는지 이제부터 알아보겠다.

죄, 하나님과 우리를 갈라놓는 불청객

하나님은 우리가 하나님을 알도록 창조하셨다. 특히 하나님과 친밀한 관계를 맺도록 모든 사람 하나하나를 계획하셨다. 그러나 무언가 잘못된 것 같다. 자신을 솔직히 들여다볼 때 우리는 아주 중요한 무언가를 잃어버린 듯한 느낌을 받는다. 무어라 설명할 수 없는 향수병 같은 것을 느낀다.

진실은 이렇다. 우리는 오직 하나님과 긴밀하게 연결될 때 그토록 바라던 충만감과 확신, 집에 온 듯한 안정감을 느낄 수 있다. 성 어거스틴은 이렇게 기도했다. "오 하나님, 당신께서 우리를 창조하셨습니다. 우리의 마음은 그 안식처가 당신 안에 있음을 깨달은 후에야 비로소 쉼을 얻습니다."

이러한 우리를 하나님으로부터 떨어뜨려 평안을 잃도록 만든 것은 무엇인가? 하나님과 우리 사이에 놓인 건널 수 없는 협곡은 무엇인가?

성경은 그것이 '죄'라고 말한다.

자기애에 사로잡힌 오늘날의 문화에서 죄는 그리 인기 있는 단어가 아니다. 그러나 참으로 우리의 현실을 드러내는 매우 정확한 단어다. 제임스 패커(J. I. Packer)는 죄에 대해 "인간의 모든 부분에서 드러나는 인간 본성의 공통적인 결함이며 …… 하나님의 명령과 부르심에 대한 반항이자 하나님께 맞서는 행위"라고 말했다.[1]

다시 말해 누구도 죄로부터 자유롭지 못하다. 바울은 이렇게 기록했다. "모든 사람이 죄를 범하였으매 하나님의 영광에 이르지 못하더니"(롬 3:23).

"기록된 바 의인은 없나니 하나도 없으며 깨닫는 자도 없고 하나님을 찾는 자도 없고 다 치우쳐 …… 하나도 없도다"(롬 3:10-12).

그렇다. 우리의 죄성과 우리가 저지르는 악한 행위가 거룩하신 하나님과의 친밀한 관계를 끊어 놓는다. 인간관계만 봐도 그렇다. 이기심과 배신에 간단히 무너지지 않는가. 죄라는 바이러스는 하나님과 자신에 대한 이해를 가로막고, 다른 사람을 대하는 방식을 훼손하며, 우리의 소원을 뒤틀어 최악의 경우 죽음으로 내몰기도 한다. 그리고 변하고자 하는 우리의 능력을 철저히 제한한다.

중요한 건 우리는 스스로 죄의 협곡에서 벗어날 수 없다는 사실이다. 반드시 하나님께서 움직이셔야 한다.

예수 그리스도, 불청객을 쫓아내다

그리고 이제까지 하나님은 그 일을 이루셨다. 죄인을 구하시려 우리를 대신해 협곡을 건너셨다. 하나님의 자비로 우리가 생명을 얻는 이 놀라운 선물을 성경은 '구원'이라 말한다.

구원은 죄와 마찬가지로 매우 현실적인 단어다. 물론 죄보다 훨씬 기쁜 단어다. 구원은 고속도로 한복판에서 장난치는 어린아이에게 필요한 것이다. 그 아이는 자신이 어떤 위험에 처했는지 모른다. 알더라도 도망치지 못한다. 구원은 감옥에 갇힌 무자비한 살인

자에게 필요한 것이다. 처벌만을 기다리는 그가 사면과 자유를 얻으려면, 그만한 권력을 가진 누군가가 그를 풀어 주어야 한다. 어린아이와 살인자 모두 누군가의 도움이 필요하다. 스스로의 노력으로는 구원을 이루거나 만들 수 없다. 유일한 희망은 구원을 선물로 받는 것이다.

우리는 하나님과 멀어진 상태에서 태어났다. 자기중심적이고 반항심 가득한 우리는 완악하게도 스스로 하나님이 되려고 한다. 우리는 모두 하나님의 심판을 받아 마땅하다. 우리에게는 하나님의 구원이 절실하다.

이처럼 어떤 소망도, 도움도 바랄 수 없는 우리 같은 죄인을 구원하시려 하나님은 그분의 아들 예수 그리스도를 보내셨다. 이것이 복음의 기쁜 소식이다. 그런데 하나님께서 값을 치르신 이 선물을 받으려면, 우리는 하나님이 필요함을 겸손히 인정하고 하나님께서 베푸신 구원을 믿음으로 받아들여야 한다. 성경은 이렇게 약속한다. "네가 만일 네 입으로 예수를 주로 시인하며 또 하나님께서 그를 죽은 자 가운데서 살리신 것을 네 마음에 믿으면 구원을 받으리라"(롬 10:9).

누구든지 그리스도 안에 있으면 새로운 피조물이라고 하나님은 약속하셨다(고후 5:17 참조). 그때 우리는 새로운 출발, 새로운 가족, 새로운 목적, 새로운 능력, 새로운 운명을 얻는다. 무엇보다 귀하고 참되며 절대 확실하고 영원한 하나님과의 새로운 관계로 들어간다. 이것은 누군가를 조금 알게 되는 것과 차원이 다르다. 사랑이 많으신 하나님 아버지를 정말로 아는 관계를 얻는 것이다.

성경은 구원을 다양한 차원으로 설명하고 있다. 칭의(justification), 성화(sanctification), 영화(glorification), 구속(redemption)이 그것이다. 그러나 이 말고도 구원을 관계적 차원에서 쉽고도 마음에 와 닿도록 설명하는 단어가 있다. 바로 '입양(adoption)'이다.

영적 고아, 하나님과 1촌 되다

죄에서 자신을 돌이켜 하나님과 진정한 관계를 맺을 때 우리는 완전히 새로운 정체성을 얻는다. 한때 잃어버린 죄인이자 영적 고아, 자기애의 노예였던 우리가 이제는 하나님의 양자가 되는 것이다. 그리고 하나님을 아버지라 부르는 특권을 얻는다. 그렇다. 하나님이 이제 우리 아버지시다!

성경을 보자. 바울은 갈라디아서 4장 4-6절에서 성부 하나님이 예수를 보내 노예 상태에 빠진 죄인들을 구원하시고 "아들의 **명분(adoption)**을 얻게"(5절, 강조 추가) 하셨다고 기록했다. 여기서 바울은 '입양 과정 또는 입양되는 행위'를 뜻하는 단어 '휘오테시아(*huiothesia*)'를 사용한다. 그는 이 단어를 세 편의 서신에서 다섯 번이나 사용했는데, 그만큼 구원을 설명하는 데 있어 입양이라는 개념을 중요하게 생각한 것이다.

바울이 하려는 말은 이것이다. 우리는 죄로 인해 하나님과 단절된 상태로 태어났다. 즉, 우리의 창조주와 떨어져 영적 고아로서 태어났다. 그러나 하나님은 놀라운 은혜로 죄인들을 입양하셨다. 죄인들을 아들로 받으신 것이다. 자격 없는 죄인이며 영적인 고아들을 그의 영원한 가족, 흠 없는 아들과 딸로 입양하신 이 일은 더욱이 하나님께서 세상을 창조하시기 전에 벌써 결정하신 일이었다 (엡 1:4-5 참조).

흥미롭게도 성경을 보면 성부, 성자, 성령 하나님이 우리를 입양하는 데 맡으신 역할이 각기 다르다는 걸 알 수 있다.

— 성부 하나님은 죄인 각각을 입양하기로 결정하신다.
"이방인들이 듣고 기뻐하여 하나님의 말씀을 찬송하며 영생을 주시기로 작정된 자는 다 믿더라"(행 13:48).

— 성자 하나님은 죄인 각각의 입양을 성취하신다.
"인자가 온 것은 섬김을 받으려 함이 아니라 도리어 섬기려 하고 자기 목숨을 많은 사람의 대속물로 주려 함이니라"(마 20:28).

— 성령 하나님은 죄인 각각의 입양을 적용하신다.
"그 안에서 너희도 진리의 말씀 곧 너희의 구원의 복음을 듣고 그 안에서 또한 믿어 약속의 성령으로 인치심을 받았으니 이는 우리기업의 보증이 되사 그 얻으신 것을 속량하시고 그의 영광을 찬송하게 하려 하심이라"(엡 1:13-14).

패커의 말처럼 그리스도인은 '하나님이 자신의 아버지 되는 사람' 이다. 그리스도인은 "양자의 영을 받았으므로 우리가 아빠 아버지라고 부르짖느니라"(롬 8:15)는 말씀을 받아들이고 하나님께 믿음으로 부르짖는 사람이다. 하나님을 안다는 건 우주를 창조하신 하나님을 아빠라고 부르는 관계가 되는 것이다. 단순히 하나님에 대한 사실을 아는 것과는 매우 큰 차이가 있다.

하나님의 자녀가 되었다는 것

우리 딸 제나는 나를 '아빠' 라고 부른다. 나는 매일 아침 제나가 내가 누운 침대로 뛰어들면서 "아빠, 안녕히 주무셨어요!"라고 말할 때 정말 기분이 좋다. 제나는 내가 자기를 껴안는 걸 얼마나 좋아하는지 안다. 내가 언제든 두 팔을 벌려 자기를 안을 준비가 되어 있다는 걸 확실히 안다. 사랑하는 아버지 품으로 뛰어드는 아이의 모습, 이것이 바로 성경에서 말하는 하나님과 그분께 입양된 자녀들의 관계다.

나는 입양이라는 말을 사랑한다. 이 단어는 우리와 하나님의 관계를 정확히 설명한다. 입양은 단순한 개념도, 어려운 신학 용어도 아니다. 사랑으로 이어진 부모와 자녀라는 가족 관계를 설명하는 단어다. 이 말은 소속, 친밀함, 큰 사랑을 받는 새로운 정체성을 약속한다. 그분의 이름을 영원히 품을 자녀를 찾으시는, 사랑이 넘치고 흔들림 없으신 전능하신 아버지의 마음을 잘 나타낸다.

아이를 입양한 부모들 상당수가 하나님의 마음을 새롭게 통찰하게 되었다고 말한다. 유명한 크리스천 음악가인 스티븐 커티스 채프먼(Steven Curtis Chapman)과 그의 아내 메리 베스(Mary Beth)도 그렇다. 그들은 지난 2000년 중국에서 여자아이를 입양했다.

메리는 입양한 아이를 처음 품에 안았을 때 오직 하나님만이 주실 수 있는 감정을 느꼈다고 고백했다. "샤오하나를 안는 순간 이 아이를 위해 죽을 수도 있겠다는 생각이 들었어요. 내 삶을 주님께 헌신한 이후 처음 느끼는 감격이었죠. 나는 위를 쳐다보며 말했어요. '이제 알겠어요, 주님. 주님이 저를 위해 하신 일을 이제 알겠어요'."

스티븐은 이렇게 고백했다. "샤오하나를 입양하기 전에는 예수님께서 우리를 위해 하신 일의 깊이를 온전히 이해하지 못했습니다. 그리스도가 없는 저는 소망도 없고 미래도 없고 이름도 없었죠. …… 그러나 예수님께서 제 삶에 오셨고 제게 소망과 미래를 주셨습니다. 그분은 제게 새로운 이름을 주셨어요. 입양은 그리스도를 통해 우리를 자녀 삼으신 하나님의 일을 완벽하게 표현하는 말입니다."[2]

우리가 알고 느낄 수 있는 관계

제3세계를 다니며 기독교 기반의 개발 단체를 취재하는 친구가 있다. 특히 그리스도인이 운영하는 고아원을 자주 방문하는 그는 언젠가 이런 말을 한 적이 있다.

"그 아이들은 너무나 굶주려 있다. 그렇지만 아이들이 가장 원하는 것은 내 생각에 두 가지다. 하나는 어떤 의심이나 조건 없이 자신은 사랑받고 있다는 확신을 얻는 것. 다른 하나는 쫓겨날 걱정이 없는 사랑이 넘치는 가정으로 언젠가 입양되는 것이다."

영적 고아인 우리의 바람도 이와 같다. 그리고 하나님의 바람 역시 같다. 감사하게도 하나님은 우리가 예수 그리스도를 믿고 하나님의 가족으로 입양될 때, 그 새로운 관계에서 두 가지를 깨닫기 원하신다. 하나는 하나님과 우리의 가족 관계는 영원히 안전하다는 것이고, 다른 하나는 그 안전함을 우리가 내면으로부터 확신할 수 있다는 사실이다.

성경 교사들은 이 두 가지 기본 진리를 '영원한 안전'과 '구원의 확신'이라 말한다. 그러나 이 둘을 잘못 이해하는 경우가 많기 때문에 먼저 분명히 짚고 넘어가려 한다.

- **영원한 안전**

영원한 안전(Eternal Security)은 우리가 하나님의 양자로 입양될 때 하나님과 맺은 가족 관계는 영원히 변하지 않는다는 뜻이다. 무엇도 누구도 그 관계를 끊을 수 없다. 바울은 이렇게 기록했다. "사망이나 생명이나 천사들이나 권세자들이나 현재 일이나 장래 일이나 능력이나 높음이나 깊음이나 다른 어떤 피조물이라도 우리를 우리 주 그리스도 예수 안에 있는 하나님의 사랑에서 끊을 수 없으리라" (롬 8:38-39).

하나님은 결코 당신을 버리지 않으신다.

예수님은 이렇게 말씀하셨다. "내 양은 내 음성을 들으며 나는 그들을 알며 그들은 나를 따르느니라 내가 그들에게 영생을 주노니 영원히 멸망하지 아니할 것이요 또 그들을 내 손에서 빼앗을 자가 없느니라 그들을 주신 내 아버지는 만물보다 크시매 아무도 아버지 손에서 빼앗을 수 없느니라"(요 10:27-29).

하나님은 입양한 자녀들을 붙잡은 손을 절대 놓지 않겠다고 약속하신다. 당신이 어떤 악한 행동을 하든, 어떤 끔찍한 실수를 저지르든 문제가 되지 않는다. 한 번 당신을 가족으로 입양하신 하나님은 절대 당신을 버리지 않으신다. 당신은 영원히 그의 소유다. 하나님은 영원히 당신의 아버지시며, 당신은 영원히 그의 입양된 자녀다. 물론 불순종이 당신과 하나님 사이의 '친밀함'을 깨뜨리는 건 사실이다. 하지만 아버지 되신 하나님과 당신 사이의 '관계'를 깨뜨리진 못한다(8장에서 다루겠다).

부모님이 나를 집 밖으로 쫓아냈을 때도 두 분은 여전히 나의 어머니, 나의 아버지셨다. 형제들도 변함없이 나의 형제였다. 나의 성(姓) 역시 가족의 성 그대로였다. 가족과 나의 관계는 변하지 않았다. 거친 반항으로 가족과의 관계가 끊어진 건 아니었다. 가족 관계는 탄생을 통해 결정되기 때문이다. 그러나 가족과의 친밀함은 사라졌다. 친밀함은 행동으로부터 영향을 받기 때문이다.

영원한 안전은 외부에서 주어지는 객관적인 사실이다. 우리를 위해 하나님께서 맺으신 이 관계를 우리는 마음대로 취소할 수 없다.

- 구원의 확신

구원의 확신(Assurance of Salvation)은 하나님과 우리 관계의 내면적이고 주관적인 특성을 나타낸다. 영원한 안전을 마음에서 깨달을 때 우리는 구원의 확신을 경험할 수 있다. 하나님은 입양된 자녀들이 외적인 안전뿐 아니라 내적인 안전도 느끼기 바라신다.

당신이 그리스도인이라면, 하나님은 당신이 죄의 노예가 아닌 하나님께 입양된 자녀라는 사실을 마음 깊이 경험하기 바라신다. 당신을 향한 하나님의 사랑을 알기 바라신다! 하나님께서 당신을 죄의 형벌에서 구원하셨고, 이제는 죄의 권세에서 구원하시며, 마침내 죄의 영향력으로부터 완전히 구원할 것을 알기 바라신다.

당신이 용서받았다는 사실만으로 하나님은 만족하시지 않는다. 그 사실을 당신이 확신하기 원하신다. 당신은 영원히 하나님의 소유이며, 최후 심판을 두려워할 필요가 없다. 당신이 그것을 깨닫고 확신을 가지고 살기를 하나님은 원하신다. 존 스토트(John Stott)는 말했다. "선물이 내 것이라는 확신이 있어야 선물을 마음대로 가지고 논다. 하나님이 영원한 생명을 주시며 마음껏 누리라고 하신 것은 그 생명이 우리 것이라는 확신을 가지라는 말씀이다."[3]

하나님은 자녀들이 그분과의 관계를 의심하지 않길 바라신다. 그러나 많은 그리스도인이 하나님과의 관계를 의심한다(10장에서 설명하겠다). 성경은 하나님과 진정한 관계를 맺고도 그에 대한 내적인 인식을 잃어버릴 수 있다고 말한다. 안전한 관계에 있지만 그렇게 느끼지 못하는 상태가 가능하다는 말이다.

자신이 하나님의 자녀임을 확신하면 삶의 태도가 달라진다. 확신을 가진 사람은 삶의 고난과 상처도 기쁘게 받아들인다. 지금이 끝이 아니라 장차 최고의 것이 온다는 사실을 알기 때문이다. 히브리서 10장 34절은 하나님의 자녀가 핍박을 받고 소유를 빼앗겨도 기뻐하는 까닭은 더 낫고 영구한 소유가 그들에게 있는 줄 알기 때문이라고 말한다.

하나님과의 관계를 확신할 때 우리는 매일의 무게를 견디는 평안을 얻는다. 17세기의 어느 주교는 이렇게 말했다. "확신은 천국이 영혼 속으로 내려오게 한다." 그의 말이 맞다. 구원을 확신하면 이 땅에서도 천국을 맛볼 수 있다.

빌리 그레이엄의 말이다. "아무리 대단한 부자나 영향력 있는 사람과도 내 자리를 바꾸지 않겠다. 나는 왕의 자녀이며 그리스도와 함께 상속을 받을 자이며 천국에 있는 왕가의 일원이다. 내가 어디

출신인지, 왜 여기 있는지, 앞으로 어디로 갈지도 안다. 내 마음은 평안하다. 그분의 평화가 내 마음에 홍수처럼 밀려와서 내 영혼에 차고 넘친다!"[4]

시작보다 지속이 중요하다

이번 장을 마무리하기 전에 분명히 하고 싶은 것이 있다. 주변을 보면 하나님과의 관계가 시작된 시간과 장소를 기억하는 그리스도인이 많다. 하지만 그렇지 않은 사람도 꽤 된다.

어릴 적 내가 다닌 교회는 언제 그리스도인이 되었고 언제 하나님의 양자로 입양되었는지 구체적인 시간과 장소를 알아야 한다고 강조했다. 그래서 나는 하나님께 구원받은 순간을 기억하지 못하면 이류 그리스도인이며, 최악의 경우 그리스도인이 아닐 수도 있다고 믿으며 자랐다.

나는 6년 전까지만 해도 이 문제와 진지하게 씨름했다. 어머니는 내가 다섯 살 때 예수님을 삶으로 초청하는 기도를 드렸다고 하셨지만 나는 전혀 기억나지 않았다. 내가 기억하는 건 스물한 살 때 내 삶이 완전히 달라졌다는 사실뿐이다.

내가 그리스도인이 된 시점이 예수님을 초청하는 기도를 했던 다섯 살 때인지, 내 삶이 완전히 달라진 스물한 살 때인지 확신이 서지 않아 낙심했다. 나는 구체적인 시간과 장소를 알고 싶었다. 내

신앙생활의 성패가 달린 중대한 문제라고 생각했다.

그러던 중 한 친구와 점심을 먹게 되었다. 주변에서 지혜롭고 신실하다는 평가를 받는 친구였다. 내 고민을 들은 그는 이렇게 말했다. "튤리안, 그게 정말 중요할까? 성경에는 그리스도인의 삶이 어떻게 시작되었느냐보다 어떻게 끝나느냐가 훨씬 많이 나와." 친구의 말이 맞았다. 문득 모든 경주를 마치고 얻을 상을 위해 계속 노력하고 앞으로 나아가라는 성경 말씀이 떠올랐다. 무거운 짐이 어깨에서 사라지는 기분이었다.

그리스도인이 된 시간과 장소를 정확히 기억하느냐는 중요하지 않다. 내가 매일 하나님을 추구하고 계속 믿음의 경주를 하느냐가 중요하다. 존 스토트는 이렇게 말했다. "끝까지 믿음 위에 굳게 서는 자는 구원을 받을 것이다. 구원이 인내의 보상이라서가 아니다. 인내는 구원받은 자들의 특징이기 때문이다."

하나님과의 관계가 시작된 시점을 기억하느냐가 아니라, 지속적으로 하나님을 추구하느냐가 중요하다는 친구의 조언을 통해 나는 하나님과의 관계에 더욱 확신을 얻었다.

우리는 구원에 대한 다양한 간증이 가능하다. 하나님께 구원받은 방법도 각 사람마다 독특하다. 물론 구원은 어느 한순간에 일어나는 사건이다. 그 순간을 기억하는 사람도 있고 그렇지 않은 사람도 있다. 그러나 그것은 중요하지 않다. 중요한 건 자신이 하나님의 입양된 자녀임을 알고, 믿음의 경주를 계속하는 것이다.

자신이 하나님께 입양되었는지 아직 확신하지 못한다면 이 점을 기억하라. 당신이 그분의 이름을 부를 때 하나님은 당신의 목소리를 듣는다고 약속하셨다. 자격을 갖춰야 구원을 간구할 수 있다고 착각하지 말라. 오래된 찬송가에 이런 내용이 있다.

> 양심 때문에 망설이지 말라
> 어리석게 자격을 갖추려 말라
> 주께서 원하시는 자격은 하나
> 그분이 필요함을 우리가 아는 것[5]

당신은 하나님에 대한 간절함을 느끼고, 그분께 구해 달라고 외치기만 하면 된다. 그러면 하나님만이 주실 수 있는 용서와 새로운 생명, 영원한 관계라는 선물을 받을 수 있다.

PART 2

저의 확신이 가짜면 어떡하죠?

우리가 속기 쉬운
하나님과의 관계에 대한
6가지 착각

DO I KNOW GOD?

심판 날, 우리는 이상한 일들을 볼 것이다.
훌륭한 그리스도인이라 생각했던 사람들에 대한 신뢰가
처참히 무너질 것이다.
_ J. C. 라일(J. C. Ryle)

03
DO I KNOW GOD?

영접 기도 했으니 괜찮을까?

예수 그리스도를 통해 하나님과의 새로운 관계 속으로 들어갈 때 우리는 정말로 하나님을 알게 된다는 사실이 이제 이해가 되는가? 그렇다면 이 모든 논의의 시작, 마이크의 골치 아픈 질문을 좀 더 자세히 살펴보자.

— 내가 하나님을 모르면서 안다고 착각하는 거면 어떻게 하나?
— "내가 너희를 도무지 알지 못하니 …… 내게서 떠나가라"(마 7:23)는 말씀을 듣지 않으려면 어떻게 해야 하나?

우리는 앞장에서 아름다운 진리를 알게 되었다. 당신이 하나님께 입양된 자녀라면, 하나님은 당신이 안전한 관계 속에 있음을 깨닫기 바라시며, 당신이 참된 안정감을 느끼기 바라신다는 사실이다.

하나님을 안다는 사실을 알게 될 때 당신은 엉망진창인 세상에서 삶의 역경을 견디는 데 필요한 영원한 용기와 힘, 평안을 얻을 것이다(히 10:34 참조).

그런데 성경은 당신이 거짓 확신을 가질 수도 있다고 경고한다. 실제로는 그리스도인이 아니지만, 스스로는 그리스도인이라고 착각할 수 있다는 것이다. 앞으로 5장까지 세 장에 걸쳐 자세히 살펴보겠지만, 하나님과 관계를 맺었다고 생각하는 사람들이 모두 하나님과의 관계를 누리는 건 아니다.

마이크를 겁먹게 한 성경 말씀으로 돌아가 보자. 예수님은 그분을 따르는 사람들 대다수가 끝내 자신이 어디에 속했는지 착각한 채 영원의 세계로 발을 들여놓게 될 거라고 말씀하신다.

> "나더러 주여 주여 하는 자마다 다 천국에 들어갈 것이 아니요 다만 하늘에 계신 내 아버지의 뜻대로 행하는 자라야 들어가리라 그 날에 많은 사람이 나더러 이르되 주여 주여 우리가 주의 이름으로 선지자 노릇 하며 주의 이름으로 귀신을 쫓아 내며 주의 이름으로 많은 권능을 행하지 아니하였나이까 하리니 그 때에 내가 그들에게 밝히 말하되 내가 너희를 도무지 알지 못하니 불법을 행하는 자들아 내게서 떠나가라 하리라"(마 7:21-23).

여기서 예수님은 취미로 종교 활동을 하는 사람들에 대해 말씀하시는 게 아니다. 하나님을 주님이라 부르며 그분의 이름으로 놀라운 일들을 행한 사람들을 말씀하시는 것이다. 또한 예수님은 '몇 사람'이 그런 말을 들을 거라고 말씀하시지 않았다. '아주 적은 수'나 '예상보다 많은 수'라고도 하시지 않았다. '많은 사람'이 그렇게 된다고 하셨다.

하나님을 안다고 생각했던 많은 사람들이 천국문 앞에서 이 말을 듣게 될 것이다. "내가 너희를 도무지 알지 못하니 불법을 행하는 자들아 내게서 떠나가라(마 7:23)." C. S. 루이스는 이 끔찍한 결과에 대해 "모든 곳에 계신 하나님의 임재에서 추방당하며, 모든 것을 아시는 하나님의 지식에서 제거되는 것"이라고 설명했다.

도널드 휘트니(Donald Whitney)는 말했다. "하나님과의 관계에 대해 잘못 생각하고 있다면, 다른 부분에서 얼마나 올바르게 행동하느냐는 중요하지 않다."[1] 그러므로 무엇이 올바른 행동인가에 집착하기보다는 예수님의 음성에 주의 깊게 귀를 기울이고 그분을 따르기로 선택하는 것이 중요하다.

그러나 잘못된 가설은 무서운 결과를 낳을 수 있다. 누구도 다른 사람의 영적 상태를 주관적으로 판단해서는 안 된다. 그가 신학자나 목사, 또는 다른 누구라 해도 마찬가지다. "사람은 외모를 보거니와 나 여호와는 중심을 보느니라"(삼상 16:7). 나는 이 문제에 대해 신중하고 겸손하게 접근하려고 한다.

지금부터 성경 말씀을 따라 하나님과 우리의 관계는 과연 어떤지, 부족한 점은 없는지 점검해 보겠다. 진리가 우리를 변화시켜 하나님을 아는 자들에게 약속된 평안과 능력을 우리가 함께 누리게 되기를 바란다.

그리스도는 좋은데 그리스도인은 싫다?

자신을 그리스도인이라 부르는 사람들이 비기독교적인 행동을 하는 경우를 자주 경험한다. 휘튼대학 신학교수 티모시 라슨(Timothy Larsen) 박사는 〈워싱턴포스트 Washington Post〉와의 인터뷰에서 무신론은 "하나님의 백성, 즉 교회에 대한 실망에서 비롯된 하나님에 대한 실망"이라고 말했다. 심지어 내가 며칠 전에 본 차량 스티커에는 이렇게 적혀 있었다. "예수님, 당신을 따르는 사람들로부터 저를 구하소서."

그리스도인에게 내려진 위선자라는 혐의는 우리 삶에 대한 하나님의 정당한 요구를 무시하고 거부하는 변명으로 사용된다. 또 하나님을 주님으로 부르는 많은 사람들과 그리스도 사이의 안타까운 단절을 목격하는 때도 많다.

그리스도를 믿는다고 하면서 실제로는 하나님을 모르는 일이 가능할까? 예수님의 경고처럼 그런 사람들이 정말 많을까? 내 생각에는 그렇다.

〈뉴스위크 NewsWeek〉에서 예수 그리스도를 믿는 미국인에 대한 통계를 발표했는데, 결과가 매우 충격적이었다. 응답자 가운데 예수님이 죽은 자 가운데서 살아나셨다고 믿는 사람이 78퍼센트, 예수님이 인간의 죄를 사하시려고 세상에 오셨다고 믿는 사람이 75퍼센트, 자신을 그리스도인이라고 말한 사람이 81퍼센트였다. 기사에 따르면 기독교는 세계 최대의 종교이며, 자신을 그리스도인이라고 말하는 사람은 무려 20억 명이라고 한다(세계 인구의 약 3분의 2에 해당한다).

나는 이 수치를 보고 놀라지 않을 수 없었다. 예수 그리스도를 통해 하나님과 관계를 맺었다고 믿는 사람들이 이렇게 많다니! 사실 나는 누가 하나님을 알고 누가 모르는지 결정할 자격이 없다. 그러나 정말로 미국인의 81퍼센트가 예수 그리스도를 통해 하나님과 참된 관계를 맺고 있다면, 미국이 지금보다는 훨씬 좋은 나라여야 하지 않을까?

그때도 지금도 있는 거짓 그리스도인

믿음을 고백하는 것과 믿음대로 사는 것 사이의 단절은 예수님 시대에도 큰 문제였다. 어린 시절 당신이 만일 주일학교를 다녔다면, 예수님을 보기 위해 나무 위로 올라갔던 키 작은 사람의 이야기를 들은 적이 있을 것이다. 누가복음 19장에 나오는 그의 이름은 삭개오다.

사람들이 그를 얼마나 증오했는지도 들어 보았는가? 아마도 주일학교 선생님이 이야기해 주는 버전에서는 생략되었겠지만, 세리였던 삭개오는 로마 정부가 거두는 금액 이상으로 세금을 과다 부과해 자신의 배를 불렸다. 그래서 그는 엄청난 부자였지만 동시에 엄청난 사회적 왕따였다.

어느 날 삭개오는 예수님이 자신이 사는 도시를 지나간다는 소식을 들었다. 삭개오는 예수님에 대한 이야기를 많이 들은 터라 그분이 어떤 분인지 보고 싶었다. 그러나 사람들이 워낙 몰린 데다 삭개오의 키가 너무 작아 볼 수 없었다. 삭개오는 돌무화과나무 위로 올라갔다. 그 다음에 일어난 일을 보자. 누가복음 19장 5절이다. "예수께서 그 곳에 이르사 쳐다 보시고 이르시되 삭개오야 속히 내려오라 내가 오늘 네 집에 유하여야 하겠다."

예수님의 말씀을 들은 삭개오는 우쭐해졌다. 그러나 나머지 사람들은 충격을 받았다. 그렇다. 그들은 매우 충격을 받았다. 나는 바로 이 점을 주목하고 싶다.

하나님을 신실하게 따르던 사람들은 예수님이 삭개오처럼 질이 나쁜 인간과 교제하신다는 사실이 불쾌하고 당혹스러웠다. 그들은 "저가 죄인의 집에 유하러 들어갔도다"(7절) 수군거리며 분노와 모멸감을 숨기지 않았다.

이러한 예수님의 행보는 당대 종교인에게는 보기 힘든, 전례 없는 결정이었다. 그러나 복음서 전체를 보면 알 수 있듯이 예수님은 삭개오 같은 죄인들의 친구였다. 예수님은 잃어버린 영혼들을 찾아 그들을 구원하기 위해 오셨다. 예수님은 하나님의 영원한 아들이시지만 "오히려 자기를 비워 종의 형체를 가지사 사람들과 같이 되셨"다(빌 2:7).

예수님은 그를 따르는 사람들에게 이렇게 권고하셨다. "너희 원수를 사랑하며 너희를 박해하는 자를 위하여 기도하라"(마 5:44). 조건 없이 서로를 사랑할 때 우리가 그분의 제자임을 사람들이 알게 될 거라고 예수님은 말씀하셨다.

예수님은 몸소 말씀을 실천하셨지만, 오늘날 그분의 제자라 주장하는 사람들은 예수님이 보이신 겸손과 조건 없는 사랑을 실천하지 않는다. 마치 삭개오의 집에 들어가신 예수님을 비난했던 유대인들처럼 말이다.

아일랜드 극작가 조지 버나드 쇼(George Bernard Shaw)는 이렇게 말했다. "따르려고 노력만 한다면 기독교는 매우 좋은 것일 수 있다." 역사를 보면 많은 사람들이 예수님께 매료되었다. 예수님의 됨됨이, 예수님의 행동, 예수님의 가르침에 감동을 받았다. 수백만 명이 예수님을 따른다고 고백했다. 그러나 예수님을 따른다는 사람들이 보인 변덕스러운 행동을 생각하면, 과연 그들이 정말로 하나님과 관계를 맺었는지 의문스럽다.

목사인 나는 하나님에 대해 아는 것과 하나님을 아는 것을 혼동하는 사람들을 많이 만난다. 그들은 하나님을 아버지라 부르지만,

그들의 삶에는 하나님을 안다는 참된 증거가 없다. 매우 참혹한 현실이다.

앞서도 말했지만, 하나님과 관계를 맺지 않은 사람들이 그분과 관계를 맺었다고 착각하는 것을 하나님은 원치 않으신다. 아마 당신도 착각하고 싶지는 않을 것이다. 그렇다면 어떻게 거짓 확신을 피할 수 있을까? 우리가 하나님과 참된 관계를 갖고 있는지 어떻게 확인할 수 있을까?

지금부터 하나님과 아무 관계를 맺지 않은 사람들이 스스로는 하나님과 관계를 맺고 있다고 착각하는 경우를 알아보자.

착각 1_
"집회에서 영접 기도 했는데 충분하지 않나요?"

제이슨을 처음 만난 건 4년 전이다. 제이슨의 여자 친구인 크리스타가 그와 하나님의 관계에 대해 상담을 요청하면서부터다. 크리스타는 당시 우리 교회에 막 출석하기 시작했는데, 제이슨은 좀처럼 교회에 나오려고 하지 않았다. 동거 중이던 둘은 종교에 대해 서로 반대 의견을 가지고 있었고, 크리스타는 상담을 하면 도움이 되지 않을까 생각했다.

나는 어렵사리 제이슨을 만났다. 그는 고등학생 때 청소년 집회에서 영접 기도를 드렸다며 자신은 이제 문제없다고 말했다. 나는 그의 이야기를 좀 더 들어 보았다. 그는 그때 집회에서 설교자가 천국과 지옥에 대해 강력하게 말씀을 전하자 겁이 났다고 했다. 설교자는 눈물범벅이 되어 앞에 나온 제이슨과 다른 학생들에게 따라서 기도하라고 말했고, 제이슨은 설교자를 따라 영접 기도를 드렸다. 기도가 끝난 후 설교자가 말했다. "여러분은 이제 하나님의 자녀가 되었습니다. 천국이 여러분의 진짜 집입니다. 이제는 지옥에 갈까 겁내지 않아도 됩니다. 하나님의 가족이 된 여러분을 환영합니다!"

제이슨은 비로소 안심했다. 그리고 더는 천국과 지옥에 대해 고민하지 않았다. 그 후 수년이 지났지만 제이슨의 삶은 하나도 변하지 않았다. 이전이나 이후나 거리낌없이 하나님이 싫어하시는 행동들을 했다. 그러나 그는 설교자의 약속을 믿었다. 하나님의 가족이 되었으니 영원히 안전하다는 약속, 영접 기도를 따라했으니 어떻게 살든 그는 하나님의 자녀라는 설교자의 말만 믿었다.

나는 제이슨이 하나님을 전혀 모른다는 걸 확신할 수 있었다. 그는 하나님에 대한 약간의 지식을 갖고 있었지만, 하나님이 어떤 분인지 몰랐다. 예수 그리스도와 참되고 영원한 관계를 갖지도 못했다. 청소년 집회에서 설교자의 기도를 따라 하나님을 믿겠다고 고백했지만, 사실 그는 영적으로 죽었으며 죄와 허물로 여전히 죽은 상태였다(엡 2:1 참조).

그 뒤로 나는 제이슨을 다시 만나지는 못했다.

제이슨을 비롯한 많은 사람들은 하나님과의 관계 속으로 들어가는 것을 물리적인 과정으로 착각한다. 그러나 당신이 영접 기도를 따라하고, 앞에 나와 손을 들고, 결신자 카드를 작성했기 때문에 하나님이 당신을 구원하신 게 아니다.

하나님과 관계를 맺는 것은 영적인 과정이다. 우리의 눈이 밝아져 굳은 마음이 부드러워지고, 자신이 죄인이며 그리스도가 위대한 구세주라는 사실을 처음 깨달을 때 우리는 하나님과의 영적인 관계 속으로 들어간다. 그 순간 하나님을 원한다는 사실을 절감하고 그분께 달려간다.

여기서 주의할 것이 있다. 우리의 초청에 하나님이 응답하시는 것이 아니라, 하나님의 초청에 우리가 응답함으로써 그 관계가 시작된다는 사실이다. C. S. 루이스의 말 가운데 내가 가장 좋아하는 말이다. "그분이 당신을 원하지 않았다면, 당신은 그분을 원할 수 없었을 것이다."

우리가 하나님을 사랑하는 것도 하나님이 먼저 사랑하셨기 때문이다. 우리를 향한 그분의 사랑이 그분을 향한 우리의 사랑을 불러일으킨다.

죄와 야만의 밤에 오랫동안 갇혀 있던 내 영혼
당신의 눈이 소생의 광선을 비추사
나는 깨어났고 감옥은 빛으로 불타올랐네

나의 사슬은 풀렸고 나의 마음은 해방되었네

나는 일어나 앞으로 가며 당신을 따랐네[2)]

내 말을 오해하지 않기 바란다. 영접 기도를 따라하거나, 빌리 그레이엄 목사님 집회에서 앞으로 나오거나, 교회에서 결신자로 손을 드는 것 자체가 잘못되었다거나 부적절하다는 말이 아니다. 그런 행동만으로 구원을 보장받고 하나님의 가족이 될 수 있다고 생각하는 것이 문제라는 뜻이다.

기도를 따라하는 외적인 행동을 통해 당신이 노예에서 아들로 바뀌는 것은 아니다. 거기에는 하나님이 개입하시는 내면의 혁명이 필요하다. 하나님과의 영원한 관계로 이끄는 것은 우리의 행동이 아니라, 하나님이 하시는 일이다. 오직 하나님만이 누구에게 구원이 필요한지 아신다.

목회자 여러분께 드리는 부탁

나 역시 목회자의 한 사람으로서 동료 목회자 여러분께 한 가지 당부하고 싶은 말이 있다. 누군가가 영접 기도를 따라했거나, 집회에서 예수 그리스도를 믿기로 손을 들었다고 해서 그가 자신은 이제 하나님과 영원한 관계를 맺은 거라고 생각하게 되지 않도록 인도해 주시기를 부탁 드린다.

얼마 전, 복음의 메시지를 강력하게 담은 설교를 들었다. 그 목사님은 하나님은 죄를 고백하고 예수 그리스도를 영접하는 모든 사람을 구원하신다는 설교를 마무리하면서 아직 하나님과 관계를 맺지 않은 사람은 자신을 따라 기도하라고 말했다. 그는 간단하고 분명한 말로 기도를 인도한 뒤, 기도를 따라한 사람은 이제 하나님의 자녀가 되었다고 당당하게 선포했다.

나는 순간 멈칫했다. 기도를 따라한 사람들 중 누구도 하나님께 구원받지 못했다고 생각해서가 아니었다. 하나님이 필요함을 솔직히 고백한 사람은 분명히 그날부터 영원히 지속되는 하나님과의 관계가 시작된다. 다만 조심스러웠던 부분은 목사님 말씀만 들으면, 내면의 진실이 아닌 외면의 행동이 우리를 구원한다고 사람들이 오해할 수도 있었기 때문이다.

기도를 따라한 사람들이 정말로 그들의 삶을 하나님께 순복했는지 목사님은 알 수 없다. 기도를 따라한 사람들이 그날 바로 하나님의 자녀가 되었다고 보장할 수도 없다.

나의 할아버지 빌리 그레이엄 목사님은 역사상 누구보다 많은 사람들에게 예수 그리스도의 복음을 전했다. 그분의 메시지는 단순하다. 죄인들을 죄의 노예 상태에서 구해 새로운 피조물로 만들기 위해 하나님은 예수 그리스도를 세상에 보내셨다. 할아버지의 설교는 언제나 명확하고 열정적이었다.

할아버지는 설교를 마칠 때마다, 그리스도를 통해 하나님과 관계를 맺고 싶은 사람이 있다면 자리에서 일어나 앞으로 나오라고 사람들을 초청했다. 그리고 기도를 인도하셨다. "하나님, 저는 죄인입니다. 저의 죄를 용서해 주십시오. 이제부터 죄에서 돌이켜 그리스도께 가겠습니다. 예수님을 구세주요, 주님으로 고백합니다. 제 평생 주님을 따르고 섬기겠습니다. 예수님의 이름으로 기도합니다. 아멘."

그러나 할아버지는 앞에 나와 기도한 사람 모두가 하나님의 자녀가 되었다고 생각하지는 않으셨다. 그들이 진실로 자신의 삶을 하나님께 순복했는지는 오직 하나님만 아신다. 할아버지는 "이 기도를 따라했으면 여러분은 이제 하나님의 자녀입니다"라고 선포하시지 않았다. 할아버지는 다른 방법을 택하셨다. "여러분과 대화를 나누기 원하시는 보혜사가 계십니다. 여러분께 드리고 싶은 책도 여러 권 있습니다."

할아버지는 단어 선택에 신중하셨다. 사람들이 앞에 나와 기도했다는 이유만으로 구원을 확신하는 일을 막기 위해서였다. 그렇다. 손을 들고 앞에 나와 기도를 따라한다고 기적 같은 일이 일어나는 것은 아니다. 하나님의 자녀가 되는 사건은 하나님과 개인의 영적인 과정이며, 사람의 눈에는 전혀 보이지 않는다. 할아버지는 그 사실을 아셨다.

많은 목회자와 신앙 상담가는 사람들이 눈에 보이는 행동만 따라오면 이제 그들은 구원받은 거라고 잘못 가르친다. 의도 자체는 나쁘지 않다. 그러나 그런 행동 때문에 제이슨을 비롯한 많은 사람들이 실제는 그렇지 않은데도 자신은 하나님과 올바른 관계에 있다고 착각하게 된다. 문득 예레미야 6장 14절이 생각난다. 하나님은 예레미야를 통해 사람들에게 강하게 경고하셨다. "평강하다 평강하다 하나 평강이 없도다."

다시 한 번 말하지만, 부디 오해가 없기를 바란다. 나는 동료 목회자 여러분께 사람들이 복음에 응답하도록 이끄는 일을 중단하라고 권하는 것이 아니다. 바울은 이렇게 말했다. "우리가 그리스도를 대신하여 사신이 되어 하나님이 우리를 통하여 너희를 권면하시는 것 같이 그리스도를 대신하여 간청하노니 너희는 하나님과 화목하라"(고후 5:20).

하나님은 그리스도인들이 구원의 메시지를 세상에 전하기를 분명히 원하신다. 바울은 또한 이렇게 말했다. "그런즉 그들이 믿지 아니하는 이를 어찌 부르리요 듣지도 못한 이를 어찌 믿으리요 전파하는 자가 없이 어찌 들으리요 보내심을 받지 아니하였으면 어찌 전파하리요 기록된 바 아름답도다 좋은 소식을 전하는 자들의 발이여 함과 같으니라"(롬 10:14, 15).

오직 하나님만이 죄인들을 구원하신다. 하나님만이 우리의 굳은 마음을 녹이시고 보지 못하는 눈을 뜨게 하신다. 그러므로 우리는 사람들의 물리적, 외적 행위만 보고 그들이 하나님의 가족이 되었다고 단언해서는 안 된다. 우리가 인도하는 기도나 초청에 응했다고 해서 그들이 이제 하나님과 진정한 관계를 맺게 되었다고 보장할 수 없다.

착각 2_
"영접한 시간과 장소를 아는데 충분하지 않나요?"

언제 예수 그리스도를 따르기로 결정했는지 기억한다는 사실만으로 자신이 하나님과 참된 관계를 맺고 있다고 생각하는 사람들이 많다. 어쩌면 당신은 앞서 말한 제이슨처럼 학생부 수련회나 교회 예배 때 앞에 나와서 하나님을 믿기로 한 순간을 기억할 수도 있다. 또는 크리스천 친구나 부모님과 이야기하다 예수님을 영접한 순간을 기억할지도 모른다.

예수님을 영접한 순간을 기억한다면, 하나님과 진정한 관계를 맺은 거라고 말하는 사람을 보았을 것이다. 예수님을 믿기로 결단한 때를 기억한다면, 그 후 어떻게 살든 하나님께 영원히 구원받은 거라고 받아들이는 사람도 있다. 신학자들은 이러한 사람들의 그릇된 견해를 가리켜 결단적 회심(decisional regeneration)이라고 부른다.

그러나 그리스도를 믿기로 결단한 때를 기억하면 하나님과 참된 관계를 맺은 거라는 말은 성경 어디에도 없다. 오히려 성경은 하나님과의 관계에 확신을 얻고 싶으면 자신이 믿음 가운데 있는지 스스로를 시험해 보라고 말한다(고후 13:5 참조). 당신이 하나님을 아는지 확신하기 원한다면, 자신이 무엇을 사랑하고 어떤 증거가 삶에 나타나는지 살펴보아야 한다(이에 대해서는 7-8장에서 더 설명하겠다).

몇 주 전에 한 여성이 예배가 끝난 뒤 찾아와 그녀의 30대 아들이 또다시 감옥에 들어가게 되었다며 그를 위해 기도해 달라고 부탁했다. 그녀가 하는 이야기를 들으니 아들은 아직 하나님을 모르는 것 같았다. 그래서 나는 그 아들을 하나님께서 구원하셔서 참된 그리스도인이 되게 해 달라고 기도했다.

그런데 그녀는 내 기도를 막더니, 아들은 이미 그리스도인이라며 그의 구원을 위해 기도할 필요가 없다고 거절했다. 순간 당황스러웠다. 나는 그녀에게 아들이 그리스도인인지 어떻게 아느냐고 물었다. 그녀는 아들이 몇 년 전 교회 예배에서 설교자의 인도로 앞에 걸어 나가 영접 기도를 했다고 대답했다. 그러나 제이슨과 마찬가지로 그 아들의 삶에는 변화의 증거가 전혀 없었다.

물론 과거에 하나님의 인도로 영접 기도를 하고 예수 그리스도를 믿기로 결단한 순간을 기억하는 건 아름답고 중요한 일이다. 그러나 그 사건 하나만으로 자신이 하나님과 참된 관계를 맺었다 단정할 수는 없다. 우리는 스스로에게 이렇게 물어야 한다. "나는 어떻게 살고 있는가? 나는 무엇을 사랑하는가?"

우리 중 누구도 손을 들고 제단 앞에 나가 영접 기도를 하거나 그 순간을 기억하는 것으로 하나님과의 관계 속에 들어갔다고 말할 수는 없다. 특히 우리의 삶이 그 후 어떤 증거나 변화를 보이지 않는다면 더더욱 말이다.

그렇다면 정기적으로 교회에 가는 사람들은 어떨까? 주일학교 교사로 섬기며, 꼬박꼬박 십일조를 드리고, 교회 임원회에 참석하고, 심지어 설교까지 하는 사람들은? 그들에게는 종교적 열심이 있다. 그렇다면 증거가 충분한 것 아닐까?

영성을 열심히 추구하는 사람들은 또 어떨까? 어느 정도 신앙적 성과를 거두었으니 그걸로 충분한 게 아닐까?

다음 장에서는 이 두 가지 그릇된 확신에 대해 이야기해 보자.

DO I KNOW GOD?

세상은 영적인 유치원 같다.
그런데 수많은 아이들이 잘못된 블록으로 하나님의 이름을 맞춘다.
_ 에드윈 알링톤 로빈슨(Edwin Arlington Robinson)

04

DO I KNOW GOD?

교회를 열심히 섬기면 괜찮을까?

하워드는 종교적 열심이 강한 사람이다. 그는 유아세례를 받았고 75년 동안 한결같이 교회를 섬겼다. 또 중서부 여러 대학교에서 생물학 강의를 했는데, 자유 시간과 수입의 10퍼센트는 교회를 위해 사용했으며, 그 사실은 지금도 변함없다.

교회 선교부에 속한 그는 교회 아동부 성가대와 함께 매년 유럽으로 단기 선교를 간다. 봄에는 2주 동안 남미에서 교회 개척 사역을 돕는다. 예배에 빠지는 일은 절대로 없다. 자녀들을 만나러 캘리포니아 남부에 갈 때도 예배에 참석한다. 캘리포니아에 있는 교회에서도 매우 헌신적이다. 교회에서 운영하는 무료 급식을 돕고, 주일에는 교통정리로 섬기며, 다른 도움이 필요할 때마다 기꺼이 자원한다.

하워드는 교회를 사랑한다. 그렇다면 하나님도 사랑하는 걸까?

역설적이지만 그는 확신이 없다. 언젠가 그는 이렇게 말했다. "잘 모르겠네. 별로 생각해 보지 않았어……. 그래, 하나님이 계실 거라고 생각해. 그런데 하나님이 어떤 분인지는 잘 모르겠어. 죽으면 그걸로 끝이지. 전부 끝이야. 만약 내가 죽은 뒤 나를 기다리는 하나님이 정말로 계신다면, 나는 잘 살았다고 자신 있게 말씀 드릴 수 있어. 교회를 열심히 섬겼으니까. 교회가 없었다면 내 삶이 어땠을지 상상하기도 싫군."

하워드처럼 종교적 열심만 있다면 하나님과 올바른 관계를 맺은 거라고 생각하는 사람들이 많다. 그들은 하나님과 천국이 실제로 존재한다면 하나님은 두 팔 벌려 자신을 환영하실 거라고 믿는다. 또 한편으로는 이런 사람들도 많다. 자신은 영적이며 하나님의 임재에 민감하도록 노력하니까 하나님과 올바른 관계를 맺은 거라고 생각하는 사람들 말이다.

이번 장에서는 '종교적 행위'와 '영적 민감함'이라는 두 가지 차원에서 자신은 하나님과 영원한 관계에 있다고 착각하는 사람들에 대해 알아보겠다. 여기서 내가 말하는 종교적 행위란 겉으로 드러나는 헌신을 뜻하며, 영적 민감함이란 내면의 헌신을 뜻한다. 물론 하나님과의 참된 관계에는 외면과 내면의 헌신이 모두 필요하다. 진정한 기독교는 종교적인 동시에 영적이기 때문이다. 그러나 앞으로 알게 되겠지만, 하나님을 전혀 모르는 사람도 종교적이고 영적일 수 있다.

착각 3_

"성실히 교회 봉사 하는데 충분하지 않나요?"

마태복음 7장 21-23절에서 예수님께서 하신 말씀을 생각해 보자. 우리는 하나님을 향한 사랑이나 하나님과의 개인적인 친밀함이 없어도 하나님의 이름으로 선한 일을 할 수 있다. 안타깝지만 사실이다. 하워드가 바로 그런 경우다.

성경 속에도 하나님을 모르면서 종교적 열심만 있는 사람들이 많이 등장한다. 가장 대표적인 예로는 바리새인들을 들 수 있다.

• 예수님 시대의 바리새인들

예수님 시대에 바리새인들은 유대교 내에서 존경받고 종교적으로 헌신된 사람들로 여겨졌다. 그들은 특히 예수님이 초기에 사역하신 갈릴리에서 매우 큰 영향력을 발휘했다.

당시 바리새인들의 열심을 의심하는 사람은 없었다. 그들은 하나부터 열까지 모세오경에 기록된 하나님의 율법대로 살았다. 그들은 종교 활동에 상당히 심취되어 있었는데, 모세의 율법을 어떻게 이해하고 적용할지 제2의 규칙, 제3의 규칙을 만들어 실천했다.

예를 들어 랍비의 가르침을 모은 탈무드에는 안식일에 해서는 안 되는 행동 39개가 있다. 각각은 다시 39개로 세분화되어 바리새인들이 안식일을 지키기 위해 따라야 하는 규칙은 총 1500개가 넘는다. 이 규칙들은 삶의 각 부분을 총망라할 정도로 매우 세분화되어 있다. 바리새인들은 삶의 사소한 영역까지 율법이 응시하는 눈초리를 피할 수 없었다.

바리새인들이 안식일에 어떤 규칙을 지키는지 한번 보자. "단추를 풀거나 발톱을 깎으면 안 된다. 말린 무화과보다 무거운 것을 들면 안 된다. 틀니를 끼면 안 된다. 틀니가 빠지면 틀니를 들고 다녀야 하는데 그것은 안식일에 일하는 것이 된다. 재단사는 안식일에 바늘을 가지고 다니면 안 된다. 재단사에게 바늘은 생계 수단이기 때문이다. 그 역시 안식일에 일하는 것이 된다."[1]

바리새인들은 의심할 여지없이 매우 헌신적이고 종교적인 사람들이었다. 그러나 예수님은 그들을 거칠게 비판하셨다. 무엇때문이었을까?

바리새인들은 겉으로는 종교적으로 헌신했지만, 하나님과의 관계는 텅 비어 있었다. 예수님은 그들을 가리켜 "회칠한 무덤"이라고 책망하셨다(마 23:27). 바리새인들은 종교적 행위에만 집착할 뿐 하나님을 아는 일에는 관심이 없었다. 무엇을 허용하고 무엇을 금지할지 율법에 따른 종교 행위에만 집중했다. 그들은 율법이 말하는 관계적인 부분, 예수님께서 지적하신 마음과 뜻과 힘을 다해 주 여호와 하나님을 사랑하고 이웃을 자신처럼 사랑하라는 우선되는 계명에는 소홀히 했다.

성경을 보면, 교만한 바리새인들의 이중 잣대에 대해 예수님은 이렇게 책망하신다.

"외식하는 자들아 이사야가 너희에 관하여 잘 예언하였도다 일렀으되 이 백성이 입술로는 나를 공경하되 마음은 내게서 멀도다 사람의 계명으로 교훈을 삼아 가르치니 나를 헛되이 경배하는도다 하였느니라"(마 15:7-9).

시간과 노력과 재정을 바쳐 열심히 교회 활동을 할 때 우리는 하나님과 친밀한 관계 안에 있는 거라고 착각하기 쉽다. 우리가 얼마나 쉽게 속는 존재인지 많은 목회자들이 내 말에 동의할 것이다. 그러나 종교적 열심은 하나님과의 관계를 보장하기는커녕 오히려 하나님을 알지 못하도록 방해한다. 하나님이 종교적인 성취만을 원하실 거라는 착각의 덫에 우리는 너무도 쉽게 걸려든다.

그러나 종교 활동 자체는 하나님의 주요 관심사가 아니다. 하나님은 더 많은 걸 원하신다. 그것은 우리가 하나님을 알고 사랑하고 섬기는 것이다. 이런 찬송가 가사를 생각해 보라. "놀라운 사랑 받은 나 몸으로 제물 삼겠네."[2)]

• 오늘날에도 있는 바리새인들

얼마 전 친구인 스티브를 만났다. 그는 자신이 어린 시절 다닌 교회의 목사님에 대한 이야기를 해 주었다. 그 목사님은 매우 헌신적인 분으로 한 교회를 20년 넘게 섬겼다. 하루는 목사님께서 그리스도의 십자가와 자녀들을 향한 하나님의 구원에 대해 설교를 하셨다. 그런데 설교 중간에 갑자기 몸을 굽혀 머리를 바닥에 숙이고는 자신을 구원해 달라고 하나님께 울부짖었다고 한다. 오랫동안 사역했지만, 정작 자신은 하나님을 몰랐다는 사실을 그제야 깨달은 것이다. 그는 하나님께서 자신을 통해 전하시는 설교를 듣고 비로소 참된 그리스도인이 되었다.

할아버지께 들었는데, 집회 마지막 순서에서 그리스도를 영접하고 하나님과 참된 관계를 맺고 싶다면 앞으로 나오라고 사람들을 초청할 때 많은 목사와 교회 지도자들이 일어선다고 한다. 그동안 종교 활동과 교회와 조직에 헌신했지만, 하나님과의 살아있는 관계는 없었음을 그들 역시 그제야 깨달은 것이다.

십일조, 금식, 세례, 성만찬 등에 참여하거나 자선 행위를 하고 또는 종교 기관과 연결된 것만으로 자신은 하나님과 올바른 관계에 있다고 믿는 사람들이 많다. 그들은 종교적 행위가 하나님과의 바른 관계를 보장한다는 착각에 빠져 있다. 여기서 말하는 사람들은 테러리스트나 아동 성추행자 또는 강도가 아니다. 시간과 재능, 재정을 하나님을 위해 사용하는 건실하고 헌신된 사람들이다. 그러나 바울은 이들에 대해 "경건의 모양은 있으나 경건의 능력은 부인"하는 자라고 경고했다(딤후 3:5 참조).

내가 사역하는 교회에는 매주 수백 명이 모여서 예배를 드린다. 하나님을 알고 그분의 임재를 경험하려고 주일마다 많은 사람들이 모인다. 그러나 정기적으로 예배에 출석하고, 찬양과 말씀을 좋아하며, 헌금함에 돈을 조금 내는 것만으로 자신이 하나님을 안다고 생각하는 교인들이 있을까 봐 걱정이다.

그리스도 안에 없어도 몸은 교회에 있을 수 있다. 하나님과 분리된 채 종교에만 연결되었을 수도 있다. 차고에 들어간다고 당신이 자동차가 되는 건 아니다. 마찬가지로 교회에 간다고 해서 당신이 그리스도인이 되는 건 아니다.

오해가 없기를 바란다. 나는 교회에 출석하거나 사람들을 섬기는 여러 가지 교회 봉사들이 중요하지 않다거나 필요 없다고 말하는 게 아니다. 성경은 지역 교회에 헌신하라고 강하게 권고한다. "모이기를 폐하는 어떤 사람들의 습관과 같이 하지 말고 오직 권하여 그 날이 가까움을 볼수록 더욱 그리하자"(히 10:25).

하나님과의 진정한 관계는 성도들 간의 진정한 관계를 통해 확인된다(9장에서 더 설명하겠다). 교회 출석이나 다른 종교적 활동도 물론 중요하다. 하지만 그것만으로는 하나님과 영원한 관계를 누린다고 말할 수 없다.

착각 4_
"영적으로 예민한데 충분하지 않나요?"

오프라 윈프리, 마돈나, 톰 크루즈, 디팩 초프라 등 세상에는 다양한 영적 경험을 추구하는 사람들이 많다. 무엇이 이 세대를 신앙과는 상관없는 영성을 추구하도록 만든 것일까?[3] 어쩌면 계몽주의가 하나의 원인일 수 있겠다.

계몽주의가 등장한 이후 사람들은 신성하고 초월적인 것 대신 자연적이고 물리적인 것을 추구해 왔다. 그 결과 우리는 무언가를 잃어버리게 되었다. 이에 대해 사회학자 피터 버거(Peter Berger)는 오늘날의 현대인들이 "창문 없는 세계"에 살고 있다고 설명한다.[4]

그의 말을 빌려 표현하자면 그전까지 인류는 다른 세계를 향한 창문을 가지고 살았다. 인간보다 더 크고 우월한 존재를 인식하고, 삶에는 물리적인 세계를 뛰어넘는 거대한 목적이 있음을 알았다. 그러나 기술의 발전과 과학적 진보로 인해 현대인은 초자연적인 것에 등을 돌리고 보이지 않는 세계에 눈을 감았다.

창문 없는 세계에서는 하나님, 영적인 것, 신비를 상상하기가 점점 더 불가능해진다. 모든 것을 인간이 구분하고 계산하며 통제할 수 있어야 한다. 보이는 것 너머에는 현실이 존재하지 않는다. 그러므로 눈에 보이는 현실에서 모든 것이 생산되고 통제되고 해결되어야 한다.

그러나 인간의 영혼은 그렇지 않은 것 같다. 신비가 사라진 세계에서 사람들은 오히려 현실을 초월하길 열망한다. 현실 이상의 무언가를 감지한다. 현대 기술의 능력은 우리를 충분히 만족시킬 수 없으며, 우리 내면에서 고개 드는 질문들을 해결하지 못함을 하나둘 이해하기 시작했다.

〈엑스파일 X-Files〉, 〈조안오브아카디아 Joan of Arcadia〉, 〈미디엄 Medium〉, 〈고스트위스퍼러 Ghost Whisperer〉, 〈수퍼내추럴 Supernatural〉, 〈히어로즈 Heroes〉 등 초자연적인 소재의 드라마가 매년 새롭게 등장하는 이유도 여기 있다. 동양 주술, 천사, 외계인, 심령술, 내세, 형이상학적 치유에 대한 사람들의 관심은 날로 커지고, 심지어 젊은이들 사이에서는 마약이 인기다. 이 세대는 무언가 다른 것, 무언가 지금을 뛰어넘는 것, 무언가 이 세상 밖에 있는 것을 갈망한다.

이런 현상은 좋기도 하고 나쁘기도 하다. 『순전한 기독교 Mere Christianity』에서 C. S. 루이스는 "이 세상으로 만족되지 못할 경험에 대한 열망이 내 안에 있다면, 그것은 내가 다른 세상을 위해 만들어졌다는 사실로만 설명이 가능할 것이다"고 말했다.

하나님께서 모든 인간의 마음에 심으신 영원을 향한 갈망을 사람들이 점차 인식하고 있다니 다행이다(전 3:11 참조). 그러나 마냥 기뻐할 수만은 없다. "오랫동안 목이 말랐던 사람은 아무거나 마신다. 오염된 물도 상관없다."[5] 현대인에게는 선택할 수 있는 영적인 수단들이 끝도 없이 많다. 영적인 것을 찾는 사람들은 그 목마름을 채우기 위해 무엇이든 시도할 준비가 되어 있다.

성경은 하나님과의 진정한 관계를 벗어난 그 밖의 여러 가지 영적인 체험들을 피하라고 경고한다. 하나님은 우상 숭배, 신비주의, 잘못된 경배에 대해 여러 번 책망하셨다. "이는 그들이 하나님의 진리를 거짓 것으로 바꾸어 피조물을 조물주보다 더 경배하고 섬김이라"(롬 1:25). 아레오바고에서 바울은 아덴 사람들에 대해 종교심은 매우 많지만 살아계신 하나님과의 관계는 없다고 말했다(행 17:22-31 참조).

영적인 갈급함을 인식하고, 내면 깊은 곳의 의문과 갈망에 대해 영적인 해답을 찾는 사람들이 많다는 사실은 고무적이다. 그러나 소금물로 목마름을 해소할 수 없듯 잘못되고 불완전한 영성은 우리의 영적인 갈급함을 채울 수 없다. 우리의 영적인 목마름은 우리가 오직 예수 그리스도를 믿고 하나님과 진정한 관계 안에 들어갈 때 비로소 해결된다.

진정한 영성은, 성령 하나님 안에서 성자 하나님을 통해 성부 하나님과 맺은 영원한 관계를 내면에서 경험하는 것이다. 그 밖의 거짓된 영성은 우리를 구원할 수도, 우리를 만족시킬 수도 없다. 참된 영성을 모르고도 안주하는 사람들에 대해 루이스는 이렇게 말했다. "주말에 바닷가에서 보내는 즐거움이 무엇인지 몰라서 동네 진흙탕에서만 놀려고 하는 아이와 같다. 우리는 너무 쉽게 만족을 느낀다."

영적인 갈망을 채우는 가장 확실한 방법은 그리스도께 가는 것이다. "믿음의 주요 또 온전하게 하시는 이인 예수를 바라보자 그는 그 앞에 있는 기쁨을 위하여 십자가를 참으사 부끄러움을 개의치 아니하시더니 하나님 보좌 우편에 앉으셨느니라"(히 12:2).

우리는 예수님 안에 있을 때 이 세상이 전부가 아님을 깨닫는다.

예수님만이 우리에게 다음 세상을 바라보며 이 세상을 살아갈 힘을 주신다. 그리스도와 십자가에서 그가 성취하신 것에 우리 믿음을 두면, 주님께서 하나님을 향한 우리의 목마름을 채우신다. 주님께서 우리를 이 세상에서 다음 세상으로 안전하고 편안하게 인도하신다. 그곳은 하나님의 자녀들이 그분과 영원히 함께할 참된 본향이다.

DO I KNOW GOD?

오직 믿음만이 구원한다.
그러나 구원하는 믿음은 결코 그 자체로 끝나지 않는다.
_ 마틴 루터(Martin Luther)

05
DO I KNOW GOD?

선행을 많이 하면
괜찮을까?

내 친구의 아버지인 클리프 씨는 내가 만난 사람 가운데 가장 친절하고 점잖은 분이다. 그는 "주는 것이 받는 것보다 복이 있다"(행 20:35)는 예수님의 말씀을 언제나 몸으로 실천했다. 또 친구들과 가족이 행복하고 편안하도록 잘 챙기는 것을 최고의 기쁨으로 여겼다. 그는 연로하신 어머니와 점심 식사를 하고, 가족들에게 깜짝 선물 주기를 즐겼다. 손주들이 태어나고부터는 아이들을 돌보는 것이 그의 기쁨이었다.

만일 선행과 도덕적 가치가 하나님과의 관계를 결정한다면, 클리프 씨야말로 그 기준에 가장 적합한 사람일 것이다. 그러나 진실은 그렇지 않다. 안타깝게도 클리프 씨는 스스로도 선행을 구원의 기준으로 믿었다. 착하게 살고 가족과 친구들을 열심히 섬기면 하나님이 기뻐하시고, 그러면 지옥을 피하고 천국에서 영원히 살 거라고 생각했다.

그런데 그는 나이가 들면서 점점 혼란스러워졌다. 아무리 노력해도 완전하신 하나님이 바라는 수준까지는 결코 도달할 수 없음을 깨달았다. 이 사실은 그를 끊임없이 괴롭혔다.

어느 날 나는 클리프 씨, 그리고 내 친구인 그의 아들 부부와 함께 빌리 그레이엄 목사님 특집 방송을 시청했다. 집회 마지막에 목사님이 하나님과의 관계를 시작하고 싶은 사람들을 앞으로 초청하자, 클리프 씨는 초청에 응답하는 사람들이 존경스럽다고 말했다. "나도 저렇게 결단했으면 좋겠는데 난 별로 착하지도 않고 강하지도 않아서 말이야."

나는 구원은 하나님이 값없이 주시는 선물임을 열심히 설명했다. 하지만 클리프 씨는 받아들이지 못했다. 그는 하나님과의 관계가 필요하다는 건 알지만, 안타깝게도 자신에게는 불가능한 일이라고 확신했다. 몇 년 뒤 그는 심장 발작으로 갑자기 세상을 떠났다. 친구는 사랑하는 아버지를 잃어서도 슬펐지만, 아버지가 하나님과의 관계는 사람의 노력으로 성취하는 것이 아님을 모르고 돌아가셨다는 사실에 더욱 애통해했다.

그렇다. 다시 말하지만, 우리는 예수 그리스도께서 이미 행하신 일을 믿을 때에만 하나님과의 관계를 얻을 수 있다.

신학적으로 설명하자면, 클리프 씨는 믿음과 행위의 관계를 전혀 이해하지 못했다. 그는 사는 동안 좋은 일을 많이 하면, 나중에 천국에 가서 하나님과 영생을 누릴 거라 믿었다. 그는 하나님과의 관계란 이 땅에서 얼마나 정직하고 가치 있는 삶을 사느냐에 달린 거라고 믿었다. 그는 선한 행동이 자신을 구원한다고 믿었다. 그렇지만 성경은 전혀 다르게 가르친다. 성경은 선한 행동이 우리를 구원하는 것이 아니라, 우리를 구원하는 믿음이 선한 행동을 이끌어낸다고 말한다.

감사하게도 성경에는 이런 말씀이 있다. "구원은 여호와께 속하였나이다"(욘 2:9). 내 친구는 이 말씀을 붙잡으며 하나님께서 결국은 아버지를 이해시키셨을 거라고 소망을 품었다. 하나님은 임종을 맞이한 사람이라도 회개시켜서 그들로 모든 짐을 벗도록 하신다. 분명한 사실이다.

4장에서 이야기한 하워드 씨를 기억하는가? 그는 교회를 향한 종교적 헌신만이 하나님이 원하시는 거라고 믿었다. 자신의 종교적 헌신을 보신 하나님께서 언젠가 그를 천국에서 맞이하실 거라 믿었다.

반면 클리프 씨는 선한 행위와 도덕적 가치들을 종교적 헌신보다 중요하게 생각했다. 가족과 친구들을 섬기고 모두를 똑같이 대하고 남을 속이지 않고 누구에게도 고의로 해를 가하지 않는 일이 그에게는 훨씬 중요했다. 그러나 그도 하워드 씨와 같은 문제를 가지고 있었다. 선한 행동을 충분히 쌓으면 하나님과의 영원한 관계를 얻을 수 있다고 믿은 것이다.

이번 장에서는 클리프 씨와 비슷한 생각에 빠진 사람들의 문제를 다루려고 한다. 우리가 하나님을 기쁘시게 하려면 얼마나 착하게 살아야 할까? 착한 행동으로 하나님과의 관계를 얻을 수 없다면 어떻게 해야 할까? 아무리 노력해도 충분히 착해질 수 없다면 어떻게 해야 할까? 이 말들이 사실이라면 우리가 굳이 착하게 살려고 애쓸 필요가 있을까?

착하게 사는 것만으로는 하나님을 기쁘시게 할 수 없다. 왜 그럴까? 이제 그 이유를 알아보자. 그러나 분명히 명심해야 할 것이 있다. 역설적으로 들리겠지만, 하나님의 자녀인 우리에게 선한 행동은 매우 중요하다는 사실이다.

착각 5_
"착하게 사는데 충분하지 않나요?"

사도 바울이 로마서에서 한 말은 얼핏 틀린 것처럼 들린다. 그는 누구도 착하게 살 수 없다면서 구약의 여러 구절을 인용했다.

"의인은 없나니 하나도 없으며 깨닫는 자도 없고 하나님을 찾는 자도 없고 다 치우쳐 함께 무익하게 되고 선을 행하는 자는 없나니 하나도 없도다 그들의 목구멍은 열린 무덤이요 그 혀로는 속임을 일삼으며 그 입술에는 독사의 독이 있고 그 입에는 저주와 악독이 가득하고 그 발은 피 흘리는 데 빠른지라 파멸과 고생이 그 길에 있어 평강의 길을 알지 못하였고 그들의 눈 앞에 하나님을 두려워함이 없느니라"(롬 3:10-18).

누구도 착하지 않다는 바울의 말은 정말일까? 착한 사람이 정말 하나도 없을까? 주위를 보면 상냥한 어머니들, 성실한 아버지들, 말 잘 듣는 아이들, 정직한 사업가들이 많지 않은가! 우리가 사는 이 세상에는 착한 사람들이 있다. 물론이다. 바울도 그것을 부정한 건 아니다.

다만 성경이 말하는 '선한 행위'의 뜻은 우리가 보편적으로 알고 있는 것과 다르다. 그것은 특별히 하나님을 향한 사랑의 동기에서 우러나온 행동을 뜻한다. 다시 말해 선한 행위란, 하나님을 영화롭게 하려는 분명한 목적을 지닌 도덕적 행위이다. 그래서 예수님은 선한 행실을 자랑하는 바리새인들을 이렇게 책망하셨다.

"화 있을진저 외식하는 서기관들과 바리새인들이여 잔과 대접의 겉은 깨끗이 하되 그 안에는 탐욕과 방탕으로 가득하게 하는도다 눈먼 바리새인이여 너는 먼저 안을 깨끗이 하라 그리하면 겉도 깨끗하리라 화 있을진저 외식하는 서기관들과 바리새인들이여 회칠한 무덤 같으니 겉으로는 아름답게 보이나 그 안에는 죽은 사람의 뼈와 모든 더러운 것이 가득하도다 이와 같이 너희도 겉으로는 사람에게

옳게 보이되 안으로는 외식과 불법이 가득하도다"(마 23:25-28).

겉으로 보았을 때 바리새인들의 행실은 매우 훌륭했다. 하지만 예수님은 그 속은 모두 영적으로 죽었다고 말씀하셨다. 그들은 하나님에 대한 사랑으로 선한 행동을 한 것이 아니었다. 또한 하나님께 영광을 돌리기 위해 선한 행동을 한 것도 아니었다.

우리 주변에도 가족이나 친구, 지역사회, 가난한 사람들을 위해 훌륭한 일을 하는 존경스러운 사람들이 있다. 그러나 하나님을 향한 사랑과 하나님께 영광을 돌리려는 목적으로 선행을 한 것이 아니라면, 그들을 진정한 의미에서 선하다 부를 수 없다. 하나님을 향한 마음을 가진 사람만이 참된 의미의 선한 행위를 할 수 있기 때문이다.

그런데 문제가 있다. 우리 스스로는 하나님을 향한 마음을 가질 수 없다. 오직 하나님만이 우리의 "돌 같은 마음"을 제거하시고 "살처럼 부드러운 마음"을 주신다(겔 11:19). 이사야 선지자는 하나님과 상관없다면 "우리의 의는 다 더러운 옷" 같다고 말했다(사 64:6). 우리의 유일한 희망은 예수님이 이미 행하신 일 위에 우리의 믿음을 두는 것이다.

우리에게 자유를 주는 이 아름다운 진리에 대해 두 가지 질문을 던질 수 있다. 하나는 그리스도께서 하신 일이 무엇인가 하는 것이고, 다른 하나는 믿음이란 무엇인가 하는 것이다.

첫 번째 질문부터 보자.

• 그리스도께서 하신 일은 무엇일까?

기독교를 제외한 모든 종교의 기본 개념은 인간이 신에게 다다르는 것이다. 다시 말해 아래에서 위로 올라가야 한다. 거룩한 신과 관계를 맺으려면 신자가 스스로 부단히 노력해야 한다. 각 개인이 노력하여 구원을 획득하는 수밖에 없다.

그러나 기독교의 기본 개념은 인간에게 내려오시는 하나님의 은혜이다. "말씀이 육신이 되어 우리 가운데 거하시매"(요 1:14). 기독교는 아래에서 위로 올라가는 종교가 아닌, 위에서 아래로 내려오는 관계다. "하나님이 세상을 이처럼 사랑하사 독생자를 주셨으니 이는 그를 믿는 자마다 멸망하지 않고 영생을 얻게 하려 하심이라"(요 3:16).

하나님은 예수 그리스도라는 인간의 몸을 입고 우리에게 내려오셨다. 왜 그러셨을까? 우리는 하나님께 올라갈 수 없기 때문이다. 하나님은 모든 형벌과 권세와 죄로부터 우리를 구원하시려고 직접 세상에 내려오셨다.

우리는 죄로 인해 태어날 때부터 창조주와 구원의 관계를 누리지 못한다. 에베소서 2장 1절에 따르면 우리는 태어날 때 이미 허물과 죄로 죽은 상태이다. 죄 때문에 우리는 누구도 스스로의 힘으로는 하나님을 선택하거나 사랑할 수 없다. 우리는 도덕적으로나 영적으로나 관계적으로나 하나님께 죽은 상태다.

신학자들은 인간의 본질적 결함을 전적 타락(total depravity)이라는 말로 설명한다. 앞서 클리프 씨가 절감한 영적 고통이 전적 타락이었는지 모르겠다. 전적 타락은 완전 타락(utter depravity)과 다르다. 완전 타락은 사람의 악함이 갈 때까지 갔다는 뜻이다. 감사하게도 은혜로우신 하나님은 아무리 악한 사람도 완전히 타락하도록 내버려 두지 않으신다. 그러나 사실 사람은 완전히 타락해도 이상할 게 없는 악한 존재이다.

반면 전적 타락은 죄가 우리의 존재를 전적으로 부패시켰다는 뜻이다. 다시 말해 죄는 우리의 모든 부분에 영향을 미친다. 우리의 모든 생각, 감정, 행동은 아무리 노력해도 전적으로 선해질 수 없다. 긍정적인 사상가들이나 일부 심리학자들이 생각하는 것과 달리 인간은 절대 선하지 않다.

바울은 그리스도로부터 분리된 인간은 하나님을 대적하는 존재라고 말했다. 심지어 인간 스스로는 하나님을 택할 생각조차 하지 않는다(롬 8:7, 8 참조). 인간이 왜 혼자 힘으로는 하나님과의 관계에 들어갈 수 없는지 이제 알겠는가?

그렇다면 예수 그리스도께서 하나님과 우리의 관계를 위해 하신 일을 생각해 보자. 바울은 이렇게 말했다. "사람이 의롭게 되는 것은 율법의 행위로 말미암음이 아니요 오직 예수 그리스도를 믿음으로 말미암는 줄 알므로 우리도 그리스도 예수를 믿나니 이는 우리가 율법의 행위로써가 아니고 그리스도를 믿음으로써 의롭다 함을 얻으려 함이라 율법의 행위로써는 의롭다 함을 얻을 육체가 없느니라"(갈 2:16).

'칭의(justification)'는 바울 시대에 자주 사용된 법률 용어다. 누군가를 의롭게 한다는 건 그가 결백하다는 사실과 그가 모든 혐의로부터 무죄하다는 사실을 선고하는 행위였다. 그렇다면 법정에서나 사용될 법한 칭의라는 말은 우리가 하나님께로 가는 것과 어떤 상관이 있을까?

하나님의 법정에서 당신과 나는 모두 유죄다. 우리에게 무죄를 선고할 권한은 오직 하나님 한 분께 있다. 그러나 하나님은 아무런 대가 없이 우리를 사면하실 수 없다. 죄는 무거운 형벌이 요구되는 심각한 위법 행위이기 때문이다. 우리의 죄가 사면되는 데는 그에 상응하는 엄청난 대가가 필요하다. 정의로우신 하나님은 죄를 무시하지도 눈감지도 못하신다.

하나님은 우리를 양자로 입양하시기 위해 우리의 죄에 대한 대가를 치르셔야 했다. 더군다나 무한하고 거룩하신 하나님을 거스른 죄다. 이를 사면하려면 그만큼 무한하고 완벽한 대가가 필요했다. 그래서 오직 하나님만이 그 대가를 치르실 수 있었다. 그 대가는 바로 죽음이었다(롬 6:23 참조).

여기서 예수 그리스도의 십자가가 등장한다. 하나님은 오직 당신과 나를 양자로 영원히 삼으시기 위해 그리스도를 희생하셨다. 우리의 선한 행실은 우리를 구원하기 위해 아무 것도 할 수 없다.

이것이 그리스도인의 믿음의 중심에, 우리 같은 죄인에게 하나님이 허락하신 관계의 중심에 예수 그리스도의 십자가가 놓인 이유다. 십자가는 우리의 심각한 죄악과 하나님의 놀라운 구원을 상기시킨다. 죄인들은 스스로 할 수 없는 일을 그리스도께서 대신 하셨다. 이것이 기쁜 소식, 다시 말해 복음이다.

게리트 스콧 도우슨(Gerrit Scott Dawson)의 『십자가 위의 예수님 *Jesus Ascended*』이라는 책을 보면 그리스도가 성취하신 일을 이해하는 데 도움이 될 것이다.

> 부부의 사랑의 연합을 통해 잉태된 아이는 어머니의 자궁에서 자란다. 그러나 아이는 그곳에서 영원히 머물 수 없다. 아이는 빛과 공기, 별빛과 하늘이 있는 또 다른 세상을 위해 만들어진 존재다. 산고의 시간을 통해 어머니는 아이에게 새로운 삶의 길을 제시한다. 육체의 휘장을 통과해야 세상에서의 삶이 가능하다. …… 휘장이 찢겨야 아이가 밝은 세상으로 나올 수 있다. 어머니가 아이의 새로운 삶을 향한 길이 된다. 어머니의 고통을 통해 아이가 태어난다.[1)]

십자가에서 그리스도께서 하신 일이 바로 이것이다. 어머니의 해산의 고통을 통해 아이가 세상에 보내지듯이, 죄인들은 그리스도의 십자가 고통을 통해 하나님과의 관계 속으로 들어간다. 우리가 영원한 삶으로 나아가기 위해서는 그리스도의 육체의 장막을 통과해야 한다.

하나님은 죄인들과 화해하고 그들을 영원한 관계로 초청하기 위해 예수님을 세상에 보내셨다. 우리가 영원한 선물을 받는 길은 믿음뿐이다. "믿음이 없이는 하나님을 기쁘시게 하지 못하나니"(히 11:6). 이것이 바로 클리프 씨가 이해하지 못한 부분이다.

여기까지 이해되었는가? 그렇다면 우리는 이제 성경이 말하는 믿음이 무엇인지 반드시 알아야 한다.

- 믿음은 무엇일까?

성경은 "믿음은 바라는 것들의 실상이요 보이지 않는 것들의 증거니"(히 11:1)라고 말한다. 믿음은 육신의 눈으로 볼 수 없는 것을 마음의 눈으로 보고 믿는 것이다. 하나님과의 관계 안에서 보자면 "믿음은 우리의 수고에서 그리스도의 수고로 우리의 신뢰를 옮긴다." 팀 켈러(Tim Keller)의 말이다.

그러나 믿음은 캄캄한 어둠 속에서 무작정 뛰어내리는 것이 전혀 아니다. 믿음이란, 진실로 거기 계시며 온전히 신뢰할 만한 하나님에 대해 합당한 신뢰를 기르는 거라고 성경은 가르친다. 무한히 의지할 수 있는 분을 신뢰하지 않는다면, 그야말로 비합리적이고 비이성적인 행동 아닐까? 하나님은 과거에도 지금도 앞으로도 우리가 신뢰할 수 있는 진실한 분이라고 성경은 증거한다.

그렇다면 믿음과 그리스도의 십자가는 어떤 관련이 있을까?

하나님은 그분과의 관계 안에 들어가는 조건으로, 죄인을 대신해 죽으신 예수님의 십자가를 믿을 것을 요구하셨다. 우리가 그리스도께서 하신 일에 얼마나 전심으로 반응하느냐에 따라 하나님과 우리의 관계가 결정된다. 믿음의 진정한 절차는 그리스도가 하신 일을 마음으로 믿고, 사랑으로 받아들이고, 의지를 가지고 신뢰하는 것이다.

믿음이 없다면, 그리스도의 십자가 희생은 하나님과의 관계 속으로 우리를 이끌 수 없다. 세상을 보라. 그리스도에 대해 들었지만 잊어버리고 십자가를 간과하는 사람이 얼마나 많은가! 우리는 반드시 믿어야 한다. 반드시 예수님이 십자가에서 행하신 일에 대한 합당한 믿음을 길러야 한다. 그럴 때 우리는 하나님과의 관계를 온전히 경험할 수 있다.

존 칼빈(John Calvin)은 이렇게 말했다. "그리스도가 우리 밖에 머무르고 우리가 그분과 분리되어 있다면, 그분의 고통과 그분이 인간의 구원을 위해 하신 모든 일은 우리와 무관하며 우리에게 아무런 가치가 없다."

우리의 선한 행실은 하나님과 영원한 관계를 맺는 데 전혀 가치가 없다. 그렇다면 선한 행실은 전혀 중요하지 않다는 말인가? 하나님과 영원한 관계를 누리는 데 믿음만이 필요하다면, 우리가 굳이 선한 행실을 해야 할 이유는 무엇일까?

착각 6_

"예수님을 믿는데 충분하지 않나요?"

하나님과의 영원한 관계는 예수 그리스도와 그분이 십자가에서 하신 일을 믿을 때에만 누릴 수 있다. 이것은 절대적인 진리다. 하나님께서 우리를 구원하신다. 우리가 스스로를 구원하는 것이 아니다. 우리는 구원받을 자격도, 구원을 얻을 능력도 없다. 그렇지만 이 말이 곧 하나님과의 관계를 누리는 데 우리가 해야 할 일이 아무것도 없다는 뜻은 아니다.

'밧줄에서 손을 떼는 방법도 두 가지다'라는 말이 있다. 피해야 할 극단이 두 가지는 항상 있다는 뜻이다. 우리는 이미 믿음과 칭의에 관련해 피해야 할 첫 번째 극단을 알아보았다. 바로 우리의 수고와 노력으로 하나님과의 관계를 얻으려는 생각이다. 그리고 이제 두 번째 극단을 알아보려고 한다. 그것은 하나님과의 관계를 얻었다면 이제 아무 일도 할 필요가 없다는 생각이다.

성경은 하나님에 대한 믿음의 형태를 두 가지로 설명한다. 먼저 살아 있는 믿음에 대한 말씀이다.

"우리가 그의 계명을 지키면 이로써 우리가 그를 아는 줄로 알 것이요"(요일 2:3).

"그러므로 나의 사랑하는 자들아 너희가 나 있을 때뿐 아니라 더욱 지금 나 없을 때에도 항상 복종하여 두렵고 떨림으로 너희 구원을 이루라 너희 안에서 행하시는 이는 하나님이시니 자기의 기쁘신 뜻을 위하여 너희에게 소원을 두고 행하게 하시나니"(빌 2:12, 13).

이번에는 죽은 믿음에 대한 설명이다.

"그를 아노라 하고 그의 계명을 지키지 아니하는 자는 거짓말하는 자요 진리가 그 속에 있지 아니하되"(요일 2:4).

"내 형제들아 만일 사람이 믿음이 있노라 하고 행함이 없으면 무슨 유익이 있으리요 그 믿음이 능히 자기를 구원하겠느냐 만일 형제나 자매가 헐벗고 일용할 양식이 없는데 너희 중에 누구든지 그에게 이르되 평안히 가라, 덥게 하라, 배부르게 하라 하며 그 몸에 쓸 것을 주지 아니하면 무슨 유익이 있으리요 이와 같이 행함이 없는 믿음은 그 자체가 죽은 것이라"(약 2:14-17).

죽은 믿음이란, 우리를 변화된 삶으로 이끌지 못하는 믿음을 말한다. 죽은 믿음을 지닌 사람들은 입으로는 그리스도를 믿는다고 하지만, 삶에서는 전혀 변화가 없다. 바울은 이들에 대해 "그들이 하나님을 시인하나 행위로는 부인"한다고 말했다(딛 1:16).
3장에서 말한 제이슨을 기억하는가? 우리 교회에 다니는 자매와 동거했다는 청년 말이다. 그는 어릴 적 영접 기도를 했으니 자신은 이제 문제가 없다고 믿었다. 하지만 그는 신실한 생활에 아무런 관심이 없었다. 그의 영적 상태는 전혀 변하지 않았고, 그는 변화 자체에도 관심이 없었다. 이 모두를 종합했을 때 우리는 제이슨의 믿음을 죽은 믿음이라 말할 수 있다.

반면 살아 있는 믿음은 우리를 변화된 삶으로 이끄는 믿음을 말한다. 살아 있는 믿음을 지닌 사람들은 자신의 생각과 사랑과 행동을 통해서 믿음을 드러낸다. 그들이 살아가는 방식과 사랑하는 대상이 완전히 바뀐다. 엄밀히 말해 살아 있는 믿음을 완벽한 삶에서 보여 주는 완벽한 믿음이라 말할 수는 없다. 하지만 행동하는 믿음이라고는 말할 수 있다.

랄프 어스킨(Ralph Erskine)은 "문제나 싸움이 없는 믿음은 의심해 보아야 한다. 참된 믿음이란 싸우고 씨름하는 믿음이다"라고 말했다. 이처럼 살아 있는 믿음은 행동이 수반된 믿음이다.

신학교 시절은 내 생애 최고의 시기였다. 그러나 나는 한때 삶에서 지식을 실천하는 것보다 지식 자체가 훨씬 중요하다고 믿었다. 옳은 일을 하는 것보다 아는 것을 앞세운 것이다.

나와 내 친구들은 술과 담배를 거부하고 욕을 안 하며 영화를 절제하는 그리스도인들을 연약하고 어리석게만 생각했다. 우리는 하나님을 위한 진지한 실천보다 하나님에 대한 진지한 생각을 중시하는 근육적 기독교(Muscular Christianity, 신앙을 두텁게 함과 동시에 육체도 강건

하게 하여 명랑한 생활을 보내야 한다고 주장 – 옮긴이 주)에 가까웠다.

지식과 행위는 결코 분리될 수 없음을 그 시절 나와 내 친구들은 잊어버린 것이다. 그러나 성경은 믿음과 생활 사이에 장벽을 세우지 않는다. 우리가 무엇을 믿느냐는 우리가 어떻게 사는지와 밀접한 관련이 있고, 우리가 어떻게 사느냐는 우리가 무엇을 믿는지와 밀접한 관련이 있다.

나는 그때의 나와 비슷한 착각에 빠진 사람들을 많이 본다. 그들은 선한 행위로는 하나님과 관계를 맺을 수 없다는 사실을 잘 안다. 또한 우리가 은혜로 구원받았다는 사실에 대해서도 추호의 의심이 없다. "이것은 너희에게서 난 것이 아니요 하나님의 선물이라 행위에서 난 것이 아니니 이는 누구든지 자랑하지 못하게 함이라"(엡 2:8, 9). 그러나 그들은 이 진리만을 확신하고, 선한 행위는 완전히 무시하는 극단으로 향한다. 이런 노래도 있다.

율법에서 벗어난 축복받은 나
마음껏 죄를 지어도 용서받으리

믿음과 행동의 관계에 대한 오해는 그동안 엄청난 혼란과 위험천만한 극단을 불러왔다. 예를 들어 1950년대에는 미국의 많은 교회들이 행위를 엄격히 중시하는 율법주의적 기독교에 빠져 있었다. 하나님을 정말로 아는 것보다 정해진 기준과 규칙을 철저히 준수하는 데 치중했다. 그 결과 1960년대에 이르러 많은 기독교 운동이 등장했다. 하나님의 사랑과 은혜, 그분의 용서와 자비에 초점을 둔 믿음을 강조하는 운동이 특히 젊은이들 가운데서 일어났다.

그러나 일부는 하나님의 은혜를 죄에 대한 면죄부로 받아들이는 잘못을 범했다. 그 결과 몇몇 지도자는 혼외정사 또는 재정적, 도덕적 실수를 저질렀다. 그들의 모습은 하나님은 은혜롭고 자비하신 분이므로 그분의 거룩한 기준에 맞춰 살 필요가 없다는 생각이 얼마나 심각한 결과를 초래하는지 잘 보여 준다.

구원은 오직 믿음을 통해서만 가능하다고 성경은 말한다. 그러나 믿음을 통해 구원받았으니 마음대로 살아도 문제 없다고 말하지 않는다. 그리스도인의 삶에 믿음이 반드시 필요한 만큼 올바른 행동 역시 중요하다.

선한 행동과 믿음, 동전의 양면

많은 그리스도인들은 선한 행실이 삶에서 어떤 역할을 하는지 혼동한다. 사도 야고보와 바울이 완전히 대조적으로 설명했기 때문이다. 바울은 갈라디아서와 에베소서에서 행함에 대해 부정적으로 말한다.

"사람이 의롭게 되는 것은 율법의 행위로 말미암음이 아니요 오직 예수 그리스도를 믿음으로 말미암는 줄 알므로 우리도 그리스도 예수를 믿나니 이는 우리가 율법의 행위로써가 아니고 그리스도를 믿음으로써 의롭다 함을 얻으려 함이라 율법의 행위로써는 의롭다 함을 얻을 육체가 없느니라"(갈 2:16).

"너희는 그 은혜에 의하여 믿음으로 말미암아 구원을 받았으니 이것은 너희에게서 난 것이 아니요 하나님의 선물이라 행위에서 난 것이 아니니 이는 누구든지 자랑하지 못하게 함이라"(엡 2:8, 9).

한편 야고보는 행함이 하나님과의 관계에 필수적이라고 생각하는 것 같다.

"이와 같이 행함이 없는 믿음은 그 자체가 죽은 것이라 …… 사람이 행함으로 의롭다 하심을 받고 믿음으로만은 아니니라 …… 행함이 없는 믿음은 죽은 것이니라"(약 2:17, 24, 26).

행함은 필요한가 그렇지 않은가? 바울과 야고보 가운데 누구의 말이 맞는가? 이 문제를 해결하기 위해서는 먼저 야고보와 바울이 편지를 보낸 대상이 다르다는 사실을 이해해야 한다.

바울은 하나님과의 관계에 도달하려면 일정한 조건을 충족시켜야 한다고 믿었던 갈라디아 교인들에게 편지를 보냈다. 갈라디아서는 거짓 교사들에 미혹된 그들의 생각을 바로잡아 구원은 전적으로 하나님께 달렸음을 가르치려고 보낸 편지였다. 누구도 자신의 노력으로 하나님과의 관계를 얻을 수 없다.

한편 야고보는 심한 핍박을 받던 그리스도인들에게 편지를 보냈다. 야고보서는 그들이 포기하지 않고 계속 나아가도록 격려하기 위해 보낸 편지였다. 야고보는 힘든 상황에 있을 때는 말보다 행동이 우리를 더 잘 보여 준다고 말한다. 앨런 레드패스(Alan Redpath)는 이렇게 말했다. "티백은 뜨거운 물에 들어가야 그 맛을 낸다."

다시 말해 믿음과 행동에 대해 바울과 야고보가 한 말은 결코 모순이 아니다. 오히려 상호보완적이다. 바울은 하나님의 자녀가 되는 데 행동이 갖는 역할을 말했고, 야고보는 하나님의 자녀로 사는 데 행동이 갖는 역할을 말했다. 바울의 말은 우리의 수고로는 하나님과의 관계를 얻을 수 없다는 뜻이고, 야고보의 말은 하나님과의 관계를 행동으로 표현해야 한다는 뜻이다. 둘 다 행함은 우리가 영적으로 새롭게 태어나는 데 아무런 영향을 끼치지 못한다고 말한다. 그러나 또한 구원하는 믿음과 선한 행동은 결코 분리될 수 없으며, 구원하는 믿음은 반드시 선한 행동을 낳는다는 데 동의한다.

구원하는 믿음과 선한 행동의 관계는 이렇게 정리할 수 있다. 오직 믿음만이 우리를 구원한다. 그러나 구원하는 믿음은 그 자체로 끝나지 않는다. 당신이 하나님의 자녀라면, 완전히 변화된 삶을 통해 당신과 하나님의 관계가 나타날 것이다. 참된 믿음은 언제나 참된 열매로 이어진다.

바울은 빌립보서 2장에서 이렇게 강조했다. "두렵고 떨림으로 너희 구원을 이루라"(12절). 그리고 이렇게 덧붙였다. "너희 안에서 행하시는 이는 하나님이시니 자기의 기쁘신 뜻을 위하여 너희에게 소원을 두고 행하게 하시나니"(13절).

당신을 입양하실 때 하나님은 당신 안에 새로운 생각과 열망을 심으신다. 그리고 당신 안에 변화를 일으켜서 당신이 그 변화를 따라 살기 바라신다. 그 변화가 당신이 정말로 하나님의 자녀인지 아닌지 확신하는 중요한 증거 가운데 하나다(8장에서 좀 더 살펴보자).

하나님과의 참된 관계는 당신의 모든 것을 바꾼다. 당신의 모든 것을 변화시키지 않는 관계라면 하나님과의 참된 관계가 아니다. 삶에서 가장 중요한 관계에 대해 확신을 가지려면 두려움과 떨림으로 자신의 구원을 행동에 옮기겠다는 결단이 필요하다. 그때 하나님은 우리가 그토록 갈망하는 내면의 확신을 주실 것이다.

지금까지 3-5장에 걸쳐 하나님을 모르면서 안다고 착각하는 여섯 가지 경우를 알아보았다. 그것을 정리하면 다음과 같다.

1. 전도 집회에서 인도자의 초청을 따라 앞에 나왔거나 영접 기도를 한 것으로는 충분하지 않다.
2. 예수 그리스도를 믿기로 결단한 때와 장소를 기억하는 것으로

는 충분하지 않다.
3. 교회에 출석하고, 십일조를 지키고, 주일학교 교사로 섬기고, 설교를 하고, 교회 활동에 헌신하는 것으로는 충분하지 않다.
4. 살아 계신 하나님과의 관계와 상관없는 영적인 경험에 빠지는 것으로는 충분하지 않다.
5. 선행을 하거나 착한 사람이 되는 것으로는 충분하지 않다.
6. 삶에서 새롭게 태어난 증거가 전혀 보이지 않는데, 말로만 그리스도를 믿는다고 해서는 충분하지 않다.

무엇이 그리스도인이 아닌지 정리가 되는가? 이제부터는 자신이 하나님의 영원한 자녀임을 확신하는 방법에 대해 알아보자.

PART 3

하나님을 아는지 어떻게 아나요?

하나님의 자녀에게서 발견되는
내적 증거와 외적 증거

DO I KNOW GOD?

죄인의 마음은 오직 하나님의 말씀을 통해서만
필요한 격려를 얻는다.
하나님의 약속 위에 서지 않으면
어떤 진실도, 흔들리지 않는 평화도 누릴 수 없다.
_ 존 칼빈(John Calvin)

06

DO I KNOW GOD?

하나님의 약속을
믿을 때

'약속의 가치는 그 사업의 가치와 동일하다'는 비즈니스 격언을 들어 보았는가? 이 격언을 실생활에 적용해 본다면, '약속의 가치는 약속을 하는 사람의 성품과 동일하다'고 바꿀 수 있다. 이 말을 하나님의 약속에 적용해 본다면 어떨까?

당신은 하나님께서 약속을 온전히 지키실 거라고 믿는가? 약속 뒤에 계신 분을 신뢰할 만큼 당신은 하나님을 잘 아는가?

결혼은 여러 사람들 사이에 수많은 약속이 오가는 중대한 관계다. 사람들은 결혼할 때 배우자가 혼인 서약을 지킬 거라고 신뢰한다. 왜 그런가? 그만큼 배우자를 잘 알기 때문이다. 우리는 결혼할 상대의 성품, 동기, 과거, 마음을 잘 안다.

그러나 모든 의심과 안전 장치를 내려놓고 완전히 신뢰한다는 건 위험한 일이다. 비록 그를 신뢰한다 할지라도 그로부터 상처받을 위험은 언제나 있다. 앞으로는 변하겠다는 약속, 뒤를 봐주겠다는 약속, 필요할 때 언제든 곁에 있겠다는 약속을 믿었다가 상처를 받은 사람이 한둘이 아니다. 남편, 아내, 남자 친구, 여자 친구, 사장, 직원, 친구, 목사까지 우리의 기대와 신뢰를 저버린 경우를 얼마나 많이 보고 듣는가? 우리에게는 결국 이런 의문만 남는다. "과연 믿을 수 있는 사람이 있을까?"

친구 데이브로부터 며칠 전 전화를 받았다. 그의 부모님이 41년의 결혼 생활 끝에 이혼하신다는 것이다. 그는 절망했으며 나도 충격을 받았다. 나 역시 부모님처럼 생각했던 분들이기 때문이다. 두 분 사이에는 폭력이나 불륜 같은 문제도 없었다. 데이브의 부모님은 모범적인 그리스도인으로 사람들로부터 존경을 받았다. 위선적인 분들도 아니었다. 언제나 진실했고 하나님을 향한 열정적인 사랑도 있었다.

데이브는 아홉 살 난 아들 조쉬에게 이 소식을 전하기가 매우 힘들었다고 말했다. 그는 아이를 데리고 점심 먹으러 나가서 이야기를 꺼냈다. "조쉬야, 슬픈 소식이 하나 있어. 할머니와 할아버지가 이혼을 하신단다."

갑자기 충격을 받은 조쉬는 끊임없이 질문했다.

"할아버지랑 할머니는 크리스천이죠, 아빠?"

"그렇지."

"이혼은 나쁘지 않나요?"

"나쁘지."

"절대 이혼하지 않겠다고 약속하지 않았나요?"

"그랬단다."

조쉬는 갑자기 테이블에 엎드려 울기 시작했다. 데이브도 아들과 같이 울었다. 데이브와 조쉬는 그들이 사랑하는 두 사람이 서로에게 했던 약속을 지키지 못하는 것을 보면서 커다란 실망감에 고통스러웠다. 그들이 실망감을 극복하고 상처로부터 회복되려면 아마 상당한 시간이 걸릴 것이다. 데이브의 가족은 이전과는 또 다른 삶의 무게를 감당해야 할 것이다.

약속이 약속을 하는 사람의 성품과 일치한다면 우리는 이런 결론을 내릴 수밖에 없다. 인간은 죄 때문에 어느 누구도 신뢰할 만큼 선하지 않다. 그러므로 누구든 약속을 깨뜨릴 수 있으며, 누군가는 그 결과로 고통스러울 것이다.

그렇다면 하나님은 어떠한가? 하나님의 성품은 그분의 약속을 신뢰할 만큼 선한가?

성경은 이 질문에 대해 진지하게 접근한다. 하나님은 우리에게 절대적인 신뢰를 요구하신다. 하나님은 결코 약속을 어기지 않으시며 거짓말도 하시지 않는다(딛 1:2 참조). 하나님의 약속은 무조건 신뢰해도 된다. 그 약속은 절대적으로 옳고 참되기 때문이다(민 23:19 참조). 하나님과 함께라면 우리의 마음과 소망은 영원히 안전하다. 제임스 패커는 이렇게 말했다. "인간의 말은 쉽게 변하지만 하나님의 말씀은 그렇지 않다."

우리가 하나님과 사랑의 관계에 들어가 하나님의 약속을 경험하려면 먼저 하나님의 성품과 마음, 즉 하나님을 알아야 한다. 하나님이 어떤 분이신지 깨닫고 나면, 그분은 약속을 지키신다는 확고한 신뢰가 자연스럽게 생길 것이다. 그러나 하나님의 성품을 아는 것 역시 시작에 불과하다. 우리가 하나님과 관계를 맺고 있다고 확신하려면 하나님의 약속을 믿어야 한다. 그분의 말씀을 받아들이고 그대로 행해야 한다.

감사하게도 하나님은 당신과 나 같은 죄인들에게 놀라운 관계를 약속하셨다. 우리는 이 약속을 온전히 신뢰할 수 있다. 그분의 성품을 볼 때 하나님은 약속한 일을 결코 포기하거나 취소하시지 않기 때문이다.

약속을 어기실 수 없는 하나님

지난 몇 년간 사회연구학자들이 발견한 사실에 따르면, 미국인의 85-90퍼센트가 하나님을 믿는다고 한다. 그렇다면 그들이 믿는다는 이 신성한 분은 대체 누구신가? 베일러 대학교가 최근 실시한 조사는 미국인들이 실제로 믿는 하나님을 네 가지로 구분했다. "미국인들은 하나님이 계시다고 동의하지만 하나님이 어떤 분인지, 세상에 대해 무엇을 원하시는지 그 의견이 분분하다."[1] 다음은 응답자들의 답변으로 정리한 미국인들이 생각하는 하나님의 네 가지 유형이다.

— 권위적인 하나님 : 세상을 심판하며 세상에 관여하시는 하나님.
— 자비로운 하나님 : 심판 없이 우리 삶 속에 적극적으로 개입하시는 하나님.
— 멀리 계시는 하나님 : 우리 삶에 별로 개입하시지 않는 하나님.
— 비판적인 하나님 : 우리 삶에 개입하지 않으시면서 우리의 일을 못마땅해하는 하나님.

당신의 생각은 어떠한가? 이러한 결과 때문에라도 지금 이 논의는 반드시 필요할 듯싶다. 그러나 그전에 고려할 것이 있다. 첫째, 하나님에 대한 우리의 말은 의도와 상관없이 전혀 다르게 전달될 수 있다. 둘째, 하나님에 대한 세상의 부정적인 태도를 감안할 때 응답자들이 하나님을 선뜻 신뢰하지 못한 것은 그렇게 예상 밖의 일이 아니다. 셋째, 많은 그리스도인들이 하나님을 믿는 것처럼 행동하지만 실제로는 하나님을 모른다.

과연 하나님의 말씀을 신뢰해도 되는 것일까? 이를 확인하기 위해 성경에 나오는 하나님의 실제 성품을 알아보자. 하나님의 세 가지 성품을 알면 하나님께서 우리에게 하신 약속을 믿는 데 필요한 신뢰가 생길 것이다.

• 독립적인 하나님

하나님과 우리 사이에는 기본적으로 차이가 있다. 하나님은 창조주이시고 우리는 피조물이다. 다시 말해 창조주이신 하나님은 우리와 달리 절대적으로 독립적이시다. 하나님은 세상에 존재하기 위해 자신 외에 그 무엇도 필요하지 않으시다. 모든 것에 자급자족이 가능하시다.

그러나 피조물인 우리는 하나님께 철저히 의지해야 한다. 우리는 자급자족이 불가능한 데다 매우 연약한 존재이기 때문이다. 쓰나미, 허리케인, 테러, 전쟁, 에이즈, 암과 같은 비극들은 우리가 얼마나 연약하고 쉽게 무너지는 존재인지 상기시킨다. 무엇보다 우리에게는 공기와 음식과 물이 절대적으로 필요하다. 하나님께서 우리의 가장 기본적인 필요를 공급해 주시지 않는다면 우리는 단 5분도 살 수 없다.

우리는 물리적인 의존뿐 아니라 지식이나 이해, 옳고 그름, 참과 거짓을 판단할 때도 하나님께 의존한다. 시편 36편 9절을 보자. "주의 빛 안에서 우리가 빛을 보리이다"라는 구절에 대해 리처드 프래트(Richard Pratt)는 이렇게 말했다.

> 하나님은 모든 것을 아신다. 우리는 무엇이든 하나님의 지식을 의지해야 알 수 있다. 사람의 지식은 의도적이든 아니든 모두 하나님으로부터 나온다. …… 지식으로 사람을 교훈하시는 분도 하나님이다(시 94:10 참조). 사람

도 물론 생각한다. 그러나 진정한 지식은 하나님이 사람에게 드러내신 지식에 의존하며, 모든 지식은 그로부터 왔다.[2]

우리는 하나님이 보여 주시지 않으면 참된 지식을 얻을 수 없다. R. C. 스프로울은 그 사실에 대해 이렇게 설명한다. "인간과 하나님의 가장 큰 차이점은 이것이다. 하나님 없이 나는 존재할 수 없다. 그러나 내가 없어도 하나님은 존재하신다. 하나님이 존재하는데는 내가 필요 없다. 그러나 내가 존재하려면 하나님이 반드시 필요하다."[3]

하나님의 독립적인 특성은 그분에 대한 우리의 신뢰에 어떤 영향을 줄까? 하나님이 독립적이시라는 건 그 무엇도 하나님을 막거나 방해하거나 혼란스럽게 하거나 훼방할 수 없다는 뜻이다. 그것이 우리가 하나님의 약속을 신뢰할 수 있는 이유다.

우리는 약속을 지키기까지 수많은 방해물을 물리쳐야 한다. 사람들의 훼방과 교통 체증, 때로는 날씨나 건강이 계획을 망치기도 한다. 내가 금요일에 두 아이들을 데리고 마이애미 히트(Miami Heat) 농구팀 경기를 보러 가기로 약속했다고 하자. 그런데 목요일에 갑자기 내가 감기 몸살에 걸린다면, 나는 아이들과의 약속을 지키지 못할 것이다.

이처럼 우리는 약속을 지킬 때 상황으로부터 영향을 받는다. 그러나 하나님은 독립적인 분이시다. 그분의 약속이 성취되는 걸 가로막을 수 있는 존재는 아무것도 없다.

- **변함없는 하나님**

하나님은 결코 변하지 않으신다(말 3:6 참조). 그분은 완전하시므로 변할 필요조차 없다. 당연히 결점을 보완하거나 제거할 일도 없다. 하나님은 무언가를 더 배울 필요가 없다. 아니, 지혜 자체가 더 필요하시지 않다. 하나님은 이미 모든 것을 알고 계시기 때문이다. 그분은 어제나 오늘이나 영원토록 동일하시다(히 13:8 참조). 이렇듯 하나님은 결코 변하지 않으시기에 그분의 목적, 그분의 방법, 그분의 약속도 결코 변하지 않는다.

하나님은 피조물과 교제하며 응답하신다. 우리의 기도를 듣고 우리의 행동을 보며 우리의 마음을 아신다. 그분의 긍휼과 지혜로 우리에게 응답하신다. 그러나 이런 활동조차 하나님의 영원한 목적을 변화시키지 못한다. 아니 그럴 필요가 없다. 모든 시간과 공간에서 이루어지는 하나님의 일은 이미 영원 전부터 계획되었기 때문이다(시 33:11 참조).

성경은 하나님이 마음을 바꾸신다고 말한다. 그러나 그건 하나님의 궁극적인 목적이 바뀌었다는 뜻이 아니다. 그 말은 하나님께서 누군가를 새로운 방법으로 다루기로 하셨다는 뜻이다. 방법의 변경이 곧 하나님의 계획이 변경되었음을 뜻하지 않는다. 우리 눈에만 새로울 뿐이지 하나님께는 새롭지 않다.

그러나 우리와 같은 피조물은 모두 언제나 변한다. 그리스 철학자 헤라클레이토스(Heraclitus)가 남긴 유명한 말이다. "우리는 똑같은 강물에 두 번 뛰어들 수는 없다." 그렇다. 모든 것은 계속 흘러간다. 똑같이 머무는 것은 전혀 없다. 바다의 조수도, 기후도, 바람의 방향도, 나뭇잎의 색도 변한다. 인간은 나이가 들고, 힘이 세지거나 약해지고, 뚱뚱해지거나 마른다. 생각과 감정, 행동도 날마다 변한다. 우리에게는 결함과 부족함, 연약함이 있다. 우리는 모두 변화와 개선이 필요하다.

하나님은 그렇지 않다. 하나님은 약점이 없으시고 개선할 점도 없으시다. 변함이 없으신 분이다. 하나님은 자신의 궁극적인 목적에 대한 뜻을 절대로 바꾸지 않으신다. 하나님은 우리 같은 죄인이 우리의 삶을 그분께 조건 없이 굴복시키면, 하나님과의 영원한 사랑의 관계를 누리도록 하시겠다고 약속하셨다. 하나님은 그 약속을 반드시 지키신다.

- **무한하신 하나님**

어릴 때 친구가 이렇게 물었다. "가장 큰 숫자가 뭐게?"

나는 대답했다. "1조겠지, 멍청아."

친구는 말했다. "아니, 무한대야."

그 말을 들은 나는 헷갈렸다. '무한대'라는 숫자를 들어 본 적이 없기 때문이다.

그러나 내 말이 맞았다. 무한대는 숫자가 아니다. 무한대란 '한계가 없다', '한계 없이 뻗어 나간다'는 뜻이다.

우리로서는 무한대를 이해할 수 없다. 우리는 시간의 구속을 받는 존재로 세상에 태어났다가 죽는다. 그 사이에 우리가 하는 모든 일, 식사, 휴가, 임신, 생각, 수면, 놀이는 시간의 영역 안에서 일어난다. 모든 일에는 시작과 끝이 있다. 그러나 하나님은 무한하시다. 시작도 없고 끝도 없다. 시편 기자는 이렇게 말했다.

"산이 생기기 전, 땅과 세계도 주께서 조성하시기 전 곧 영원부터 영원까지 주는 하나님이시니이다 …… 주의 목전에는 천 년이 지나간 어제 같으며 밤의 한 순간 같을 뿐임이니이다"(시 90:2, 4).

하나님은 시간에 대해서만 무한하신 분이 아니다. 공간에 대해서도 무한하시다. 하나님은 무소부재하시다. 언제나 모든 곳에 계신다. 다윗은 이렇게 말했다.

"내가 주의 영을 떠나 어디로 가며 주의 앞에서 어디로 피하리이까 내가 하늘에 올라갈지라도 거기 계시며 스올에 내 자리를 펼지라도 거기 계시니이다 내가 새벽 날개를 치며 바다 끝에 가서 거주할지라도 거기서도 주의 손이 나를 인도하시며 주의 오른손이 나를 붙드시리이다"(시 139:7-10).

그렇다면 하나님께서 무한하시다는 사실이, 하나님은 약속을 지키신다는 것과 어떤 관계가 있는지 알아보자.

우리가 약속을 지키는 데 시간과 공간의 제약은 큰 문제가 될 수 있다. 내가 아이들을 데리러 5시까지 축구장으로 가겠다고 아내에게 약속했다고 하자. 그런데 도로가 꽉 막혀서 나는 차에 탄 채 길에 갇히고 말았다. 이때 나는 물리적으로 도저히 약속을 지킬 수가 없다. 나는 한 번에 여러 장소에 있을 수 없기 때문이다. 그러나 하나님께는 문제가 되지 않는다. 하나님은 동시에 두 곳뿐만 아니라 모든 곳에 계실 수 있다.

하나님이 무한하시다는 건 매우 중요하다. 과거와 현재와 미래에 대한 모든 것을 하나님은 동시에 알고 계신다는 의미이기 때문이다. 우리는 모든 것을 알 수 없다. 우리가 아는 건 과거와 현재에 대한 매우 부분적이고 애매한 지식이다. 미래에 대해서는 어떨까? 극히 일부분을, 그것도 일반적인 사실만을 알 뿐이다. 우리는 우리가 죽을 거라는 사실은 알지만 언제 죽을지는 모른다. 그리스도께서 재림하실 거란 사실도 알지만 그날이 언제일지는 모른다. 그러나 하나님은 모두 아신다.

하나님이 독립적이고 변함없고 무한하다는 말은 우리의 작은 머리에 집어넣기에 너무 거대한 단어다. 그러나 감히 요약해 본다면 하나님은 도덕적으로나 물리적으로 자신의 약속을 어길 수 없다. 그분은 완벽하기 때문에 도덕적으로 자신의 약속을 어길 수 없다.

하나님은 죄를 지을 수도 없다. 만일 약속을 어긴다면 그분은 더 이상 하나님이 아니다. 그러나 하나님은 하나님이 아니실 수 없다.

또한 하나님은 모든 것을 하실 수 있다. 모든 것을 아시고, 어떤 제약이나 한계 없이 모든 곳에 계시기 때문에 물리적으로도 약속을 어길 수 없다. 인간은 약속을 어기지만, 하나님의 약속은 결코 무산되지 않는다. 하나님은 결코 그럴 수 없기 때문이다.

독립적이고 변함없고 무한한 하나님의 약속은 무조건 신뢰해도 된다. 그러나 우리가 하나님의 약속을 신뢰할 수 있는 이유는 이뿐만이 아니다.

바로 그 하나님이 우리를 사랑하신다

지금까지 우리는 크고 독립적이고 변함없고 무한한 하나님에 대해 알아보았다. 하나님의 이러한 성품을 신학자와 철학자는 초월적 속성이라 부른다. 하나님이 우리와 얼마나 극명하게 다른지 잘 나타내는 표현이다. 하나님의 초월성과 대면한다면 우리는 그분의 압도적인 위엄과 위대함, 영원한 광대함 앞에 오직 하나님을 경외하며 무릎을 꿇을 수밖에 없다.

이토록 크시며 약속을 지키시는 하나님을 이제 신뢰할 수 있겠는가? 그러나 우리는 하나님이 그저 큰 정도가 아니라 인간을 초월하는 차원임을 쉽게 잊는다. 또 우리는 하나님이 크시다는 이유만으로 그 약속을 믿으려 하지 않는다. 우리가 하나님을 믿는 이유는 그분이 매우 인격적이기 때문이다. 그분이 사랑이기에 우리는 하나님을 믿는다.

하나님은 매우 인격적인 분이다. 그래서 하나님은 우리가 그분을 알고, 그분에 의해 알려지도록 창조하셨다. 다소 경박하게 들리겠지만 하나님은 그야말로 '만인의 연인'이다. 신학자들은 이 놀라운 사실을 이렇게 설명할 것이다. 하나님은 초월하실 뿐 아니라 내재하신다. 내재하신다는 말은 하나님께서 자신이 만든 모든 것, 모든 사람과 가까이 계시다는 의미다. 하나님은 모든 자녀들의 일에 언제나 친밀하게 관심을 보이며 동참하신다.

하나님을 아는 사람은 자비와 긍휼이 충만한 하늘 아버지의 넓은 품에 안길 수 있다. 그분은 부드러우시며 노하기를 더디 하시고 사랑이 넘치신다. 하나님은 거침없고 깊으며 강렬한 그 사랑으로 우리가 그분을 멀리할 때도 우리를 찾아내신다. 하나님은 우리 삶의 모든 부분을 아시며, 우리의 어두운 죄를 우리보다 더 잘 아신다. 그렇지만 언제나 한결같은 사랑으로 우리를 사랑하신다.

"하나님은 우리의 피난처시요 힘이시니 환난 중에 만날 큰 도움이시라"(시 46:1). 하나님은 자신을 의지하는 사람들을 돌보고 도우신다. 우리 같은 죄인들을 심판과 사망에서 구원하신 하나님의 놀라운 은혜와 친절만큼 그분의 사랑을 잘 보여 주는 것도 없다. 그 사랑으로 예수 그리스도는 갈보리 십자가에서 자기 생명을 내놓으셨다(롬 3:22-24; 5:5-8; 8:32-39; 엡 2:1-10; 3:14-19; 5:25-27 참조).

예수님은 말씀하셨다. "사람이 친구를 위하여 자기 목숨을 버리면 이보다 더 큰 사랑이 없나니 너희는 내가 명하는 대로 행하면 곧 나의 친구라"(요 15:13, 14). 이분이 바로 한 번 하신 약속은 반드시 지키시는 우리가 신뢰하는 하나님이시다.

그러나 하나님이 약속을 어겼다고 생각하는 사람들이 많다. 하나님에 대한 실망으로 영혼에 큰 타격을 입은 사람들이 많다. 하나님께서 지키시리라 생각했던 약속이 기대처럼 이루어지지 않았을 때 우리는 어떻게 해야 할까?

우리 교회에 출석 중인 클레어라는 자매가 얼마 전 나를 찾아왔다. 클레어는 지난 10년 동안 삶이 매우 고통스럽고 끔찍했다면서 이렇게 물었다. "이 고통에서 벗어날 수 있을까요? 하나님은 어째서 제게 이런 고통을 허락하시는 거죠? 하나님은 그분을 아는 사람들에게 선한 것을 주겠다고 약속하셨잖아요."

나도 그 고통을 안다. 정말이다. 나 역시 그 같은 질문을 여러 번 했다. 그리고 마침내 깨달았다. 그동안 나는 하나님께서 결코 하시지 않은 약속을 기대하고 있었다는 사실이다. 누구나 그렇다. 겉으로는 티내지 않아도 고통 없는 삶과 문제 없는 결혼, 예의 바른 아이들, 풍족한 재정, 더 큰 즐거움을 하나님께 기대한다. 그리고 그 기대가 충족되지 않으면 하나님께 실망한다.

하나님을 천국판 램프의 요정 지니(genie)로 잘못 생각하는 사람들이 매우 많다. 그들은 하나님을 위해 선한 일을 할 때마다 하나님이 그들에게 빚을 지신 것처럼 생각한다. 이런 태도에 대해 팀 켈러는 이렇게 말했다. "그것은 절대 기독교가 아니다. 은혜를 얻기 위해 변덕스러운 신의 마음에 들려고 노력하는 또 다른 형태의 이교도일 뿐이다."

나 역시 하나님이 결코 하신 적 없는 약속을 두고 왜 지키시지 않느냐며 그분을 비난했던 적이 많다. 그러나 하나님은 우리를 지금 당장 고통에서 구해 주겠다고 약속하시지 않았다.

물론 하나님은 우리의 고통을 덜어 주시기도 한다. 그럴 때 우리는 기쁨에 넘친다. 그러나 시편 46편 1절을 항상 마음에 새겨야 한다. "하나님은 …… 환난 중에 만날 큰 도움이시라." 이 표현에 주목하라. '환난으로부터'가 아니다. '환난 중'이다. 헨리 더번빌(Henry Durbanville)은 이렇게 말했다. "우리가 받은 약속은 안전한 도착이지 편안한 여행이 아니다." 클레어는 이 사실을 받아들이고 나서 놀라운 평안을 얻었다.

이를 기억하기 바란다. 하나님께서 우리에게 하신 약속은 우리가 기대하는 인생보다 더 크고 더 좋고 더 깊고 더 밝은 무엇이다.

확신으로 이끄는 하나님의 약속

에드워드 T. 웰치(Edward T. Welch)는 이렇게 말했다. "복음은 벌거

벗은 원수들에게 옷을 입혀, 그들을 혼인 잔치에 초청하고, 그들과 결혼하는 하나님의 이야기다." 그렇다면 하나님은 무엇으로부터, 무엇을 위해 우리를 구원하시는 걸까?

- **하나님의 분노로부터 구원하신다**

　언젠가 구원이 필요한 대학생과 이야기를 나누었다. 그는 이렇게 말했다. "목사님 같은 크리스천들은 언제나 구원을 받아야 한다고 말하는데 도무지 이해가 안 됩니다. 대체 무엇으로부터 구원을 받아야 한다는 거지요?"

　바울은 "노하심에서 우리를 건지"신다고 말한다(살전 1:10). 즉, 예수님은 하나님으로부터 우리를 구원하기 위해 오셨다! 끝까지 회개하지 않고 그리스도를 거부한 죄인이 죽은 후 가장 마지막에 만났으면 하는 분이 바로 하나님이다. 히브리서 10장 31절에서 말한 대로다. "살아 계신 하나님의 손에 빠져 들어가는 것이 무서울진저." 하나님과 분리된 상태로 죽은 사람은 하나도 빠짐없이 영원한 고통과 절망을 대면해야 한다.

　그러나 기쁜 소식이 있다. 우리에게 진노를 약속하신 바로 그분이 우리를 그 진노로부터 구원하신다는 사실이다. 하나님은 우리가 예수 그리스도의 구원하심을 신뢰하면, 앞으로 다가올 진노로부터 영원한 구원을 얻을 거라 약속하셨다. 그래서 복음을 기쁜 소식이라 하는 것이다.

하나님은 우리를 구원하여 새로운 가족으로 삼겠다고 약속하셨다. 우리가 그리스도를 신뢰할 때 우리는 다가올 진노로부터 벗어나 영원한 구원을 얻는다. 뿐만 아니라 하나님과 화해하고 그분의 자녀가 된다. 하나님은 우리를 친밀하고 개인적이며 영원한 관계로 이끄신다. 하나님은 아버지로서 우리를 돌보고 훈계하겠다고 약속하신다(마 6:26; 히 12:5-11 참조).

그러나 우리의 아버지가 되시겠다는 하나님의 약속을 쉽게 받아들이지 못하는 사람들이 있다. 이 땅의 아버지로부터 큰 고통을 받은 사람들이다. 그들에게는 새로운 아버지가 생긴다는 생각 자체가 고통스럽다. 생각해 보면, 우리는 좋은 아버지가 어떤 사람인지 직관적으로 안다. 그렇기 때문에 나쁜 아버지로부터 실망을 느끼는 것이다. 이상적인 아버지 상이 없다면 굳이 실망할 일도 없지 않겠는가?

하나님은 이상적인 하늘 아버지시며, 자녀들을 결코 실망시키지 않으신다(마 7:11 참조). 하나님은 훌륭한 아버지에 대한 우리의 깊은 갈망과 기대를 완벽하게 충족시키신다(마 6:26 참조). 우리를 보호하시고, 우리의 필요를 공급하겠다고 약속하신다. 하나님은 너무 바빠서 우리를 신경 쓰지 못하는 일도 없다. 언제나 우리 곁에 계신다. 하나님은 우리가 바라는 아버지가 되신다. 무엇도 우리를 하나님의 사랑과 그의 가족에서 떼어놓을 수 없다(롬 8:39 참조).

그리고 하나님께 입양되는 순간 우리는 아버지뿐 아니라 가족도 함께 얻는다. 교회가 그것이다. "그러므로 이제부터 너희는 외인도 아니요 나그네도 아니요 오직 성도들과 동일한 시민이요 하나님의 권속이라"(엡 2:19).

성경에서 말하는 교회는 건물이나 조직이 아니다. 하나님께 '부름받은 사람들'이다. 이전에는 노예였으나 이제는 아들과 딸로 하나님께 부름받은 사람들, 다시 말해 교회는 사람들이다. 하나님께 입양되어 하나님을 하늘 아버지로 아는 사람들이다.

하나님은 죄인들을 구원하실 때 그들을 새로운 공동체, 즉 하나님의 가족으로 이끄신다. 프랭크 코쿤(Frank Colquhoun)은 『완전한 기독교 Total Christianity』에서 이렇게 말했다. "그리스도께서는 사람을 구원하실 때 그를 죄에서 구원하는 동시에 고독에서도 구원하신다." 하나님은 우리를 구원하실 때 우리가 하나님과의 관계를 누리면서 함께 교제할 수 있는 사람들을 붙여 주신다.

• 주기 위해 구원을 주신다

첫째로 하나님은 '새로운 목적'을 주기 위해 우리를 구원하겠다고 약속하신다. "그런즉 너희가 먹든지 마시든지 무엇을 하든지 다 하나님의 영광을 위하여 하라"(고전 10:31).

하나님께 구원을 받으면 우리는 잠깐 지나가는 세상의 유산에 더 이상 안주할 필요가 없다. 하나님은 우리에게 새로운 삶의 이유를 주신다. 바로 하나님을 영화롭게 하는 것이다.

구원받은 우리는 더욱 거대하고 의미 있는 목적을 위해 살게 된다. 바로 하나님을 드러내고 그분의 명성을 전파하며 그분의 영원한 나라를 세우는 목적 말이다. 이제 우리는 개인의 삶보다 훨씬 크고 무한한 이야기의 일부가 된다. 우리의 보잘것없는 목적이 아닌 하나님의 완전한 목적을 위해 살 것이다. "우리는 그가 만드신 바라 그리스도 예수 안에서 선한 일을 위하여 지으심을 받은 자니 이 일은 하나님이 전에 예비하사 우리로 그 가운데서 행하게 하려 하심이니라"(엡 2:10).

G. K. 체스터톤(G. K. Chesterton)은 『정통 Orthodoxy』에서 이렇게 말했다. "당신이 작아질수록 당신의 삶은 얼마나 커지는지 보라." 살아 계신 하나님과 친밀한 관계를 맺을 때 우리는 자신의 작음과 우리 삶에 잠재하는 거대함을 절감하게 된다. 기억하라. 하나님은 자신을 아는 모든 사람에게 크고 목적이 있는 삶을 약속하신다.

둘째로 하나님은 '새로운 능력'을 주기 위해 우리를 구원하겠다고 약속하신다. 하나님과의 영원한 관계로 들어갈 때 우리는 과거의 죄를 면제받을 뿐 아니라, 현재를 사는 데 필요한 새로운 능력도 얻는다. 예수님께서는 부활 후 하늘로 올라가시기 전 제자들에게 이렇게 말씀하셨다. "오직 성령이 너희에게 임하시면 너희가 권능을 받고"(행 1:8).

우리 대부분은 자신이 불완전하며 변화가 필요함을 알고 있다. 그러나 아무리 노력해도 바뀌지 않는다. 우리에게는 스스로를 변화시킬 능력이 없기 때문이다.

그러나 하나님은 하실 수 있다. 『현대를 사는 그리스도인 The Contemporary Christian』에서 존 스토트가 한 말이다. "하나님은 인간의 본성을 바꿀 수 있을까? 잔인한 사람을 온순한 사람으로, 이기적인 사람을 이타적인 사람으로, 부도덕한 사람을 도덕적인 사람으로, 심술궂은 사람을 착한 사람으로 과연 바꾸실까? 영적으로 죽은 사람이 그리스도 안에서 생명을 얻도록 하실 수 있을까? 물론이다. 하나님은 가능하다!"[4]

하나님의 성령이 우리 안에 들어오면 우리는 하나님이 계획하신 사람이 되는 데 필요한 모든 능력을 얻는다. C. S. 루이스는 『순전한 기독교』에서 이렇게 말했다. "피조물을 자녀로 바꾸시려고 하나님께서 사람이 되셨다. 하나님의 목적은 낡은 사람을 개선하는 것이 아니라 전혀 새로운 사람을 만드는 것이다. 단순히 말에게 더 높이 뛰는 방법을 가르치신 것이 아니다. 말을 날개 달린 유니콘으로 바꾸셨다."[5]

기대되지 않는가? 새롭고, 상상을 초월하는 변화가 모든 하나님의 자녀들을 기다린다. 새롭고, 상상을 초월한 능력을 하나님이 약속하셨기 때문이다.

하나님의 약속은 하나님의 성품에 기반을 둔다. 참으로 기쁘고 다행스러운 일이다. 하나님께서 하신 모든 약속 뒤에는 완전히 독립적이고 변함없으며 무한하신 하나님이 계신다. 하나님은 결코 약속을 어기실 수 없다. 그러므로 이 사실을 믿고, 하나님의 영원한 약속을 믿으라. 그때 당신은 자신이 하나님의 참된 자녀라는 확신을 경험할 것이다.

이제 하나님을 아는지 확신하기 위한 두 번째 방법을 알아보자.

죄인들을 입양하여 가족으로 삼으실 때 하나님은 그들에게 그분을 향한 열정과 사랑으로 가득 찬 새로운 마음을 주신다. 당신은 무엇을 가장 사랑하는가? 당신 마음 속 가장 깊은 갈망은 무엇인가? 당신의 가장 깊은 갈망이 당신의 영적 상태를 보여 준다.

DO I KNOW GOD?

무엇이 마음을 기쁘게 하는지 보면
그 마음을 알 수 있다.
기쁨은 결코 거짓말하지 않는다.
_ 존 파이퍼(John Piper)

07

DO I KNOW GOD?

마음과 생각을
점검할 때

    소박한 통나무 오두막집이 저만치 보이자 그때부터 내 가슴은 두근거리기 시작했다. 노스캐롤라이나 애슈빌 외곽에 있는 할머니와 할아버지 댁에서 지내는 시간은 언제나 나에게 매우 강렬한 경험을 안겨 준다.

    우리 할머니와 할아버지는 70년 넘는 세월을 하나님과 함께 걸어온 분들이라 그 누구보다 하나님을 잘 아신다. 긴 세월 동안 이어진 주님을 향한 단순하면서도 일관된 헌신은, 두 분의 모든 말과 행동에 그대로 녹아 있다. 두 분 댁에서 며칠 지내면 나도 그분들처럼 하나님을 알고 싶다는 열정이 생긴다.

    나는 집에 들어서자마자 곧장 타이타이(Tai Tai, 내가 할머니를 부르는 애칭이다)와 할아버지께서 계시는 침실로 갔다. 두 분은 분명 나를 기다리실 터였다. 언제나처럼 타이타이는 침대에, 할아버지는 침대

옆에 놓인 의자에 앉아 계셨다. 평소 두 분은 많이 돌아다니시지 않는다. 대부분의 시간을 함께 침실에서 책을 읽거나 대화를 나누거나 기도하면서 보내신다. 나를 발견한 두 분의 얼굴이 환해졌다. 나는 두 분과 얼굴을 맞대며 포옹한 뒤 타이타이 옆에 앉아 안부를 여쭈었다.

두 분은 나의 아내와 아이들의 안부를 물으시고는 내가 담임하는 교회는 어떤지 궁금해하셨다. 대답하는 동안 나는 할머니 옆에 펼쳐진 커다란 바인더에 눈길이 갔다. 거기에는 종이마다 8-10개의 단어가 크게 적혀 있었다. 무엇이냐고 여쭈니, 150편의 시편을 큰 글자로 작성하여 철한 것이라고 알려 주셨다. 할머니께서 시력이 안 좋으셔서 주변 분께 부탁하여 만드셨다는 것이다. 책장을 보니 이런 바인더가 10개도 넘었다. 몸을 가누기 불편하신 할머니는 매일 침대에 앉아 시편 말씀을 묵상하고 암송하신다고 했다.

할머니 마음속에 있는 하나님을 향한 열정이 큰 감동으로 다가왔다. 80대 후반이신 할머니는 신체적으로 많은 제약이 있으시다. 그런데도 여전히 날마다 자신에게 남은 모든 힘을 동원하여 하나님과 교제하기 위해 애쓰고 계셨다. 일평생 하나님을 그토록 갈급해하셨다. 그 같은 열정이 있었기에 할머니는 이처럼 훌륭한 그리스도인이 되신 것이다.

나는 두 분께 안녕히 주무시라고 인사를 드린 뒤 잠자리에 들었다. 그러나 좀처럼 잠을 이룰 수 없었다. 나는 누운 채로 기도했다.

"하나님, 할머니가 주님을 갈망하는 것처럼 저도 주님을 갈망하고 싶습니다. 할머니의 마음 속에 있는 주님을 향한 거룩한 열정을 저도 갖게 해 주세요."

6장에서 우리는 하나님과의 관계를 확신하는 방법으로 하나님의 약속을 믿는 것에 대해 알아보았다. 우리같은 죄인들과 하나님께서 맺으신 그 약속 말이다. 이제 확신을 얻는 두 번째 방법을 알아보겠다. 이 방법은 우리 삶에서 하나님의 임재를 느낄 때 가능하다. 바로 당신에게 하나님을 향한 마음과 갈망이 얼마나 있는지 알아보는 것이다.

당신은 무엇을 가장 사랑하는가? 마음의 가장 깊은 열망은 무엇인가? 당신이 가장 열정적으로 갈망하는 대상은 누구인가? 그분이 하나님일 때 당신은 삶에서 가장 중요한 관계에 대한 확신을 얻을 수 있다.

당신의 마음이 당신을 말한다

많은 사람들은 그리스도인이 되는 것에 대해 무엇을 하고 안 할지 구별해서 행동하는 거라고 생각한다. 물론 우리가 어떻게 행동하고 무엇을 하는지는 참으로 중요하다. 모든 아버지가 그렇듯 우리 아버지 되시는 하나님도 예의 바르고 순종적인 자녀를 바라신다. 그러나 그리스도인을 절대 죄를 짓지 않는 사람이라고 정의할 수 있을까? 아니다. 겉으로 볼 때 그들은 완벽하지도 않다. 우리가 주목해야 할 것은 내면이다. 우리의 내면에 하나님을 향한 열정과 불이 있어야 한다.

하나님은 우리의 행동에 관심이 있으신 만큼 우리의 마음에도 관심이 있으시다. 이것이 마음 없이 강박적으로 종교 행위를 하는 바리새인들을 예수님께서 책망하신 이유다.

나는 그리스도인은 무엇이냐는 아이들의 질문에 이렇게 대답한다. "그리스도인은 '사슴이 시냇물을 찾기에 갈급함 같이 내 영혼이 주를 찾기에 갈급하니이다 내 영혼이 하나님을 갈망합니다'(시 42:1-2 참조)라고 고백하는 사람이야."

그리스도인은 세상 무엇보다 하나님을 갈급해하고 갈망하는 사람이다. 나아가 자신의 건강이나 재물, 지위, 외모, 사회에서의 인간관계, 예의 바른 자녀, 배우자보다도 더 하나님을 열망하는 사람이다. 우리 할머니가 바로 그런 분이다.

하나님께서 우리를 자녀로 입양하시는 순간, 성령님은 우리에게서 돌 같이 굳은 마음을 제거하시고 새로운 마음을 주신다. 그래서 우리가 새로운 피조물이 되게 하신다(고후 5:17 참조).

나 역시 그러한 변화를 경험했다. 내가 나의 삶을 하나님께 드렸을 때, 하나님은 나의 마음을 급격히 바꾸셨다. 이전까지 내가 그토록 피했던 영적인 것들을 갈망하게 만드셨다. 그리고 그동안 열망하던 파괴적인 습관들을 멀리하게 하셨다. 하나님은 내가 원하는 바를 완전히 바꾸셨다. 나는 이전에 함께했던 사람들과 똑같은 장소에서 똑같은 일을 하는 데 신물을 느꼈다. 나는 그리스도인들과 함께 있고 싶었다. 기도하고 성경을 읽고 주일 아침에 하나님의 백성과 하나님을 예배하고 싶었다.

물론 하룻밤 사이에 내 행동이 달라진 건 아니다. 하지만 시간이 흐를수록 하나님이 사랑하는 것을 나도 같이 사랑하고, 하나님이 싫어하는 것을 나도 같이 싫어하게 되었다. 마침내 하나님을 사랑하게 된 것이다.

하나님과 진정한 관계를 맺은 사람에게는 무엇보다 하나님을 사랑하고 그분이 사랑하는 것을 따라 사랑하는 모습이 흔히 나타난다. 당신이 하나님을 정말로 아는지 알고 싶다면, 스스로의 마음을 살펴 자신이 무엇을 사랑하는지 점검하라. 당신이 무엇을 하느냐 안 하느냐보다, 당신이 무엇을 원하느냐가 당신이 누구인지 더욱 잘 보여 준다.

감정 없이 하나님을 알 수 있을까?

우리는 하나님에 대한 사실뿐만 아니라 감정도 알아야 한다. 다른 관계들과 마찬가지다. 하나님에 대해서 아는 사람과 하나님을 아는 사람의 가장 큰 차이 가운데 하나가 바로 감정이다. 2장에서 내가 이야기한 내용을 기억하는가? 어린 시절 나는 하나님에 대한 여러 가지 지식은 가지고 있었지만 정작 하나님은 몰랐다. 그렇듯 하나님과의 진정한 관계는 단순히 하나님에 대한 진리를 기억하는 것만으로 충분하지 않다.

하나님을 연구하는 데 생애를 바친 성경학자들과 신학자들은 세상 누구보다 하나님에 대한 사실적 지식을 많이 가지고 있다. 그러나 하나님에 대한 그들의 지식은 매우 차갑고 감정이 결여된 경우가 빈번하다. 그들에게 하나님은 우리와의 관계를 원하시는 살아 계신 분이 아닌 것 같다. 그보다는 하나님을 철학 사상이나 개념 정도로 생각하는 경우를 종종 본다.

존 파이퍼는 말했다. "성도가 평생 동안 하는 하나님에 대한 생각보다 사탄이 하루 동안 하는 하나님에 대한 생각이 훨씬 참되다. 그러나 사탄은 하나님을 경외하지 않는다. 사탄의 문제는 그의 신학이 아니라, 욕망이다."[1]

분명 모든 진실한 그리스도인은 하나님에 대한 사실을 믿고 그 사실에 대해 생각한다. 하나님은 우리에게 지적 능력을 주셨고, 우리가 그 능력을 하나님과의 관계에 사용하기 바라신다. 그런데 내 생각에는 많은 그리스도인이 하나님을 충분히 생각하지 않는다. 이 문제는 잠시 후에 다루겠다.

하나님에 대한 지식은 많지만 그분을 사랑하지 않는 사람보다, 하나님에 대한 지식은 별로 없지만 그분을 사랑하는 사람이 훨씬 낫다고 나는 믿는다. 사실에 대한 지식은 우리를 하나님과의 관계로 인도하지 못한다. 하나님은 그 이상을 바라신다. 당신이 그분을 원하고 갈망하며 사랑하기를 바라신다. 당신의 감정, 깊고 진실한 감정을 바라신다.

하나님과 진실한 관계를 맺고 있다면, 성령님이 당신 안에 살아 계셔서 하나님을 향한 열정적인 갈망과 갈급함을 계속 불러일으킬 것이다. 성령님이 당신의 마음에 거주할 때 그분은 당신이 사랑하는 대상에 대변혁을 일으킬 것이다. 더는 세상 것들을 바라지 않고, 하나님의 일을 갈망하게 될 것이다.

J. C. 라일의 말이다. "죄에 대한 인식과 죄에 대한 증오, 그리스도에 대한 믿음과 사랑, 거룩함 속에 누리는 기쁨과 더 큰 갈망, 하나님의 백성들을 향한 사랑, 세상 것에 대한 혐오. 이 모두는 진정한 회심에 수반되는 증거와 징조다."[2]

감정보다 생각이 중요하다는 오해

우리는 정말로 감정을 신뢰할 수 있을까? 고대 그리스 철학자들은 감정보다 생각이 훨씬 신뢰할 만하다고 여겼다. 그리고 그들의 주장은 오늘날까지 유효하다. 감정은 왔다가 사라지지만, 이성은 휘몰아치는 감정의 바다에 닻을 내린다는 주장도 있다. 일부는 이를 지성의 우월함이라 부른다.

많은 그리스도인들도 이 주장을 받아들인다. 나 또한 생각이 깊은 사람에게 끌리는 경향이 있다. 그래서인지 친한 친구나 자주 어울리는 사람들을 보면 느낌보다 생각을 중시하는 사람들일 때가 많다. 몇몇 친구들은 하나님을 향해 감정을 표현하는 그리스도인을 회의적으로 보기도 한다. 그들은 어떻게 느끼느냐보다 어떻게 생각하느냐가 그리스도인에게 훨씬 더 중요하다고 말한다.

그러나 두 가지 이유에서 나는 내 친구들과 고대 철학자들의 생각이 잘못되었다고 생각한다.

하나님은 우리의 생각과 감정 모두를 회복시키신다. 몇 년 전 이런 일이 있었다. 하루는 제임스 패커 목사님과 점심을 함께하기로 했다. 그런데 식사 전에 참석한 회의에서 사람들이 지혜롭지 않은 결정을 내려 나는 마음이 몹시 괴로웠다. 하나님께서 무시당하셨다는 느낌이 들었다. 패커 목사님을 만나고 나서도 나의 슬프고 분한 감정은 사라지지 않았다. 결국 회의에서 느꼈던 좌절감을 나도 모르게 밖으로 드러내고 말았다. 그러나 금세 마음을 추스르고 목사님께 사과했다.

"목사님, 죄송합니다. 저를 용서하십시오. 목사님 앞에서 감정을 드러내면 안 되는데 정말 죄송합니다."

나의 사과를 듣고 패커 목사님은 이렇게 말씀하셨다.

"사과하지 않아도 됩니다. 튤리안 목사님의 감정은 자연스러운 그리스도인의 감정이지요."

이 대답은 나의 생각을 완전히 바꾸었다. 패커 목사님은 그리스도인의 모든 것, 감정까지도 성령님께서 새롭게 회복시키시니 내가 느낀 감정에 대해 사과할 필요가 없다고 말씀하셨다. 그 문제에 대한 나의 감정과 하나님의 감정이 일치하기 때문이다.

5장에서 말했듯 죄는 우리의 모든 부분, 감정과 생각까지도 부패시킨다. 그래서 우리의 생각과 감정 가운데 어느 하나를 더 신뢰할 수 있을지 그 우열을 가리기란 쉽지 않다. 그러나 하나님의 자녀로 입양되어 그분과의 관계 안에 들어갈 때 하나님은 우리의 생각과 감정을 정결하게 바꾸신다.

우리 삶 속에서 일하시는 성령님과 조금씩 보조를 맞춰 나가 보자. 그러면 하나님의 감정과 우리의 감정, 하나님이 좋아하시는 것과 우리가 좋아하는 것, 하나님의 갈망과 우리의 갈망이 점점 같아질 것이다. 하나님과 더 가까워지고 그분과의 관계가 깊어질수록 우리의 감정은 좀 더 신뢰할 만한 것이 된다. 우리의 감정이 그때 하나님을 향하기 때문이다.

당신이 그리스도인으로서 하나님을 올바로 생각한다면, 그분을 올바로 느낄 수 있다. 마찬가지로 당신이 하나님을 올바로 느낄 때 그분을 올바로 생각할 수 있다. 참된 감정은 참된 생각으로 인도하며, 참된 생각은 참된 감정으로 인도한다. 따라서 감정보다 생각을 우위에 두는 것은 그리스의 철학일 뿐이다. 성경적이지도 않고 기독교와도 상관없다. 하나님은 우리의 마음과 생각과 영혼 모두로부터 우리가 하나님을 경험하게 하신다.

그리스도인이 감정을 중요하게 생각해야 하는 두 번째 이유는 이것이다. 바로 "네 마음을 다하고 목숨을 다하고 뜻을 다하여 주 너의 하나님을 사랑하라"고 예수님께서 말씀하셨기 때문이다(마 22:37). 하나님은 우리 존재의 모든 부분, 다시 말해 우리의 생각과 감정과 행동 모두로부터 하나님을 향한 사랑과 열망이 흘러나오기를 바라신다.

살아 계신 하나님을 아무런 감정 없이 대할 수 있을까? 나는 불가능하다고 믿는다. 성경을 보라. 하나님의 임재를 경험하고 아무런 감정을 느끼지 못했던 사람은 단 한 명도 없다. 야고보는 마귀들도 하나님의 진리 앞에서 무서워 떤다고 말했다(약 2:19 참조). 시편 저자는 구원, 슬픔, 영광, 기쁨의 축제, 상념들을 간구와 절박함으로 하나님께 토로했다.

이처럼 성경에 등장하는 사람들은 하나님의 임재 가운데 자기 죄를 깨닫고 참회하며 흐느꼈다. 그리고 받은 용서에 기뻐하며 하나님의 광대하심을 높였다. 또는 그분의 진노에 두려워 떨었다. 그들은 춤을 추고 쓰러지며 울부짖는 등 다양한 방법으로 하나님을 향한 갈망과 감정을 표현했다.

우리의 열망과 감정은 모두 하나님과 하나님의 진리에 기반을 두어야 한다. 그러나 일부 그리스도인은 하나님께 초점을 맞춘 건강한 감정이 아닌, 감정을 위한 감정을 추구하는 감정주의에 빠져 있다. 기독교 방송만 보아도 그렇다. 하나님 중심의 성경적 진리를 가르치기보다 감정에만 호소하는 프로그램 일색이다. 생각을 중시하는 내 친구들이 거부하는 감정주의가 이런 것 아닐까 싶다.

며칠 전 다른 교회에 출석하는 한 여성과 이야기를 나누었다. 그녀는 성경을 읽고 하나님의 진리를 묵상하는 것보다 성령의 인도를 따르는 것이 더 중요하다고 말했다. 그런데 이야기를 나누다 보니 그녀가 말하는 성령을 따르는 것이란, 직감을 따르는 태도에 가까움을 알 수 있었다.

이것이 감정주의다. 하나님을 향한 당신의 감정이 하나님의 진리에 의해 일어난 게 아니라면, 그 감정은 당신을 하나님께 인도하지 못한다. 오히려 당신을 하나님 반대 방향으로 이끌 것이다. 당신의 감정과 그 이면에 있는 신학적인 원인이 분별되지 않는가? 그렇다면 자신이 감정주의에 빠진 건 아닌지 생각해 보라.

어떤 지적 수준에 이르렀다고 해서 당신이 하나님의 자녀라고 말할 수 없다. 마찬가지로 어떤 감정적 순간을 경험했다고 해서 곧바로 당신이 하나님의 자녀라는 증거는 아니다. 진리 없는 감정주의와 감정 없는 지성주의는 우리를 잘못된 길로 인도한다. 어느 쪽도 하나님과의 관계에 대한 확신을 주지 못한다.

생각하지 않는 그리스도인은 모순이다

지금까지 하나님을 향한 우리의 갈망과 감정이 하나님과의 관계에서 얼마나 중요한지 설명했다. 그렇다고 생각이 별로 중요하지 않다는 뜻은 아니다. 앞에서 그리스 철학자들의 주장을 따라 감정보다 생각을 중시하는 그리스도인이 많다고 했는데, 그 반대의 경우도 아주 많다. 대다수의 그리스도인들이 지식을 추구하는 건 그렇게 중요하지 않다고 믿는다.

지식을 소홀히 여기는 그리스도인들은 자주 "교리는 분리시키고 사랑은 연합시킨다"고 말한다. 그렇게 말하고 생각한 결과 하나님에 대한 진지한 연구가 점점 줄어들고 있다. 참으로 안 좋은 소식이다. 그리스도인이 생각하지 않는다면 그것은 엄청난 모순이기 때문이다. 삶에서 하나님의 임재를 감지하는 방법은 하나님에 대한 우리의 생각이 얼마나 깊고 진지한지 살펴보는 것이다. 다시 말해 우리가 하나님에 대해 무슨 생각을 하고, 또 그분을 어떻게 생각하는지가 중요하다.

어떤 기독교 텔레비전 프로그램에 실력 있는 성악가가 나와 찬송가를 불렀다. 찬양이 끝난 뒤 사회자는 무대로 나오며 말했다. "형제님, 감사합니다. 정말 대단합니다. 어쩌면 이토록 아름다운 노래가 있을까요? 기독교는 정말 놀랍습니다. 그것이 사실이든 아니든 무슨 상관입니까?"

나는 할 말을 잃었다. 말도 안 되는 상황이다. 사회자의 말처럼 기독교가 사실이 아니고, 예수 그리스도께서 죄인을 위해 십자가에 달려 죽으셨다 다시 살아나신 것이 사실이 아니라면, 우리와 하나님과의 관계 자체가 불가능하다. 하나님과의 관계가 불가능한데, '나는 하나님을 아는가?'라는 질문에 무엇이라 대답할 수 있겠는가? 대답은 하나다. 절대 불가능함.

우리가 하나님에 대해 어떠한 생각을 갖느냐는 매우 중요한 문제이다. 하나님께서는 우리에게 생각과 마음을 다하여 그분을 사랑하라고 명하셨다(신 6:5). 기독교 철학가 프란시스 쉐퍼는 "생각은 결과를 낳는다"고 말했다. 쉐퍼의 말처럼 우리가 어떻게 생각하느냐는 우리가 어떻게 느끼고 어떻게 사느냐에 큰 영향을 미친다. 우리의 생각이 잘못되었다면 우리의 감정과 갈망과 삶도 잘못될 것이기 때문이다.

한편 우리가 성경을 읽고 하나님의 거룩하심과 선하심과 크신 사랑과 주권과 광대함과 영광을 본다면, 우리 마음은 주체할 수 없는 감정으로 벅차오를 것이다. F. W. 파버(F. W. Faber)는 이렇게 말했다. "깊이 있는 신학은 경건의 최고 연료다. 순식간에 불붙게 하여 오래도록 타오르게 만든다."[3) 하나님의 자녀라면 하나님의 무한한 진리를 대면하고도 어찌 아무 감정이 없겠는가? 그것이 가능하다고 보는가? 불가능한 일이다.

당신의 마음을 점검하라

J. C. 라일은 그의 책 『실천적 신앙 Practical Religion』에서 이렇게 말

했다. "당신이 하나님과 진정한 관계를 맺고 있는지 알고 싶다면 그리스도를 향한 감정이 어떤 열매를 맺는지 보라."

당신의 감정과 사랑과 열망은 하나님과 당신의 진정한 관계를 나타내는 스피커 볼륨이다. 당신이 하나님께 입양되어 그분의 영원한 가족이 되고 또 그분을 알기 시작했는가? 그렇다면, 하나님께서 당신의 갈망을 얼마나 불붙이시느냐에 따라 당신의 감정도 깊어질 것이다.

당신을 자녀로 입양하시는 순간부터 하나님은 그분이 사랑하는 것을 당신도 사랑하고, 그분이 싫어하는 것을 당신도 싫어하도록 새로운 마음을 주신다. 당신은 하나님의 은혜로 하나님을 열망하고 하나님을 갈망하며 하나님께 갈급하고 하나님 안에서 기쁨을 느끼며 하나님을 높일 것이다.

당신이 하나님을 아는지 알고 싶은가? 마음을 점검하는 것이 한 가지 방법이다. 당신은 무엇을 사랑하는가? 당신의 가장 깊은 갈망은 무엇인가? 당신은 하나님에 대해 어떻게 느끼는가?

당신이 하나님과 참된 관계에 있다면 당신의 감정도 참되고 열정적일 것이다. 하나님은 당신이 생각과 감정을 다해 그분께 영광을 돌리는 사람이 되길 바라신다. 당신의 삶에 진지함과 기쁨, 깊이와 즐거움, 교리와 헌신, 교훈과 열정, 진리와 사랑이 흔적으로 남기를 바라신다(마 22:37; 요 4:23-24; 고전 14:15; 엡 4:15 참조). 우리가 무엇을 사랑하고 싫어하느냐에 따라 우리 삶에 그 열매가 나타날 것이다. 당신의 삶에 나타난 열매는 무엇인가?

  이제 하나님과의 관계를 확신하기 위한 세 번째 방법을 알아보겠다. 당신이 정말로 하나님의 자녀라면, 당신의 삶에는 그분과의 새로운 관계를 보여 주는 증거가 나타난다.

DO I KNOW GOD?

구원하는 믿음에는 구별되는 특징이 있다.
구원하는 믿음은 순종을 낳는다.
구원하는 믿음은 새로운 삶의 방식을 만든다.
_ 빌리 그레이엄(Billy Graham)

08

DO I KNOW GOD?

삶에서 순종을
경험할 때

　코너는 내가 자주 만나는 아이 가운데 하나다. 우리 교회에 출석하는 어느 가정의 막내아들인데, 열일곱 살이니까 딱 내 나이의 절반이다. 코너는 언제나 생동감 넘치고 운동을 잘하고 잘생겼다. 그리고 영리하다. 예의 바르고 점잖아서 어른들과도 잘 지낸다.

　심지어는 신앙생활도 매우 안정적으로 보인다. 코너는 예수님을 믿고 기독교 신앙을 진리로 믿으며 잘 받아들인다. 그는 하나님이 정말 좋다면서, 하나님 덕분에 자신이 잘 자라고 건강하며 좋은 것을 가질 수 있었다고 말한다. 하나님이 허락하신 삶에 깊이 감사할 줄 아는 소년이다.

　코너는 누가 봐도 칭찬할 만한 아이다. 그러나 그에게는 사람들이 모르는 고민이 하나 있다. 사실 그는 하나님과의 관계에 대해 확신이 없다.

코너는 믿음이 있지만, 기독교와 맞지 않는 관심이나 행동을 보일 때가 있다. 그것이 잘못된 일이고, 하나님을 경외하는 일이 아닌 줄 알면서도 친구들과 어울려 나쁜 행동 하기를 멈추지 못한다. 그는 쉽게 지루해지는 편이라 끊임없이 즐길 거리를 찾는다. 무엇이 옳은 줄 알지만 자꾸 옳지 않은 선택을 하게 된다. 코너의 갈등은 이것이다.

"나는 정말로 하나님을 아는 걸까?"

나는 코너의 고민을 충분히 이해한다. 나도 수많은 잘못을 저지르기 때문이다. 주위를 보면 내 아내를 비롯해 긍휼, 배려, 인내, 환대, 친절이 몸에 밴 사람들이 많다. 그러나 나는 거룩을 추구하기 위해 매일 힘겹게 싸운다. 하나님과의 영원한 관계가 나의 행위에 달려 있지 않아서 무척 다행이다.

나는 내 마음에서 벌어지는 일을 잘 안다. 나는 하나님의 친구가 될 자격도, 그분의 영원한 은혜를 받을 자격도 없다. 나는 남보다 나를 더 생각하는 자기중심적이고 교만한 죄인이다. 그런데 하나님은 왜 나를 입양하기로 하신 걸까?

잘 모르겠다. 하지만 이 점은 분명하다. 나를 선택하신 그것이 바로 하나님의 놀라운 은혜라는 사실이다. 내가 자원해서 하나님을 선택했을 리 없다. 그건 나를 아는 사람들이 더욱 잘 안다. 하나님이 나 같은 사람을 입양하여 가족으로 받으신 이유는 내가 착해서가 아니다. 전적으로 그분의 은혜 때문이다.

착하게 행동하는 것은 하나님과 관계를 맺는 일에 전혀 상관이 없다. 하지만 하나님과의 친밀함에는 상관이 있다. 코너가 직면한 문제도 이것이다. 코너는 어쩌면 하나님과 진정한 관계를 맺었을 수 있다. 그러나 하나님께서 기뻐하시는 삶 대신 자기 눈에 즐거워 보이는 삶을 추구했다. 그 결과 코너는 하나님과의 관계를 의심하게 되었다.

5장에서 이야기했듯 선한 행동은 당신을 하나님의 가족으로 만들지 않는다. 그러나 당신이 정말로 하나님의 자녀라면, 당신은 선하게 행동할 것이다. 그리고 선한 행동은 당신이 정말로 하나님을 안다는 확신을 줄 것이다. 이번 장에서는 코너와 같은 문제를 지닌 사람들이 하나님과의 친밀하고 안전한 관계를 어떻게 회복할 수 있는지 알아보겠다.

"형제들아 더욱 힘써 너희 부르심과 택하심을 굳게 하라"(벧후 1:10).

친밀함은 깨져도 관계는 남는다

우리는 하나님과 맺은 영원한 관계를 어떻게 확신할 수 있는지 알아보고 있다. 이 책에서 말하는 '하나님과의 관계'란 우리가 하나님의 가족이 되는 영적인 탄생을 뜻한다. 다시 말해 하나님이 죄로부터 우리를 구원해 자녀로 입양하고, 천국에서 영원히 함께하겠다고 약속하신 것을 의미한다.

하나님께서 당신을 입양하신 순간, 당신과 하나님의 관계는 영원히 달라졌다. 이전에 심판자셨던 하나님은 이제 당신의 아버지가 되셨다. 일단 하나님의 자녀가 되면 그분과의 관계는 절대로 변하지 않는다. 그러나 그분과의 친밀함은 달라질 수 있다.

여기서 말하는 '하나님과의 친밀함' 이란 우리가 기도를 통해 하나님과 대화하고, 성경을 통해 말씀하시는 그분의 음성을 들으면서, 매일 하나님과 그분의 사랑을 경험하는 것이다. 하나님의 자녀인 우리는 하나님의 특별한 관심을 받는다. 친밀함은 우리가 하늘 아버지와 얼마나 잘 지내는지 설명하는 단어다.

여러 번 강조했듯이 우리가 하나님의 가족이 되는 일은 전적으로 하나님께 달렸다. 그분의 가족이 되기 위해 우리가 할 수 있는 수고는 하나도 없다. 그러나 각별히 주의해야 할 점이 있다. 하나님의 가족이 되었다면, 하늘 아버지와 잘 지내기 위해 우리 쪽에서도 노력해야 한다.

존 스토트는 『기독교의 기본 진리 Basic Christianity』에서 관계와 친밀함의 차이를 이렇게 설명한다.

> 아이가 부모에게 함부로 행동하자 집 안에 긴장감이 맴돈다. 아버지와 아들은 서로 한마디도 하지 않는다. 그렇다면 아이는 더 이상 아버지의 아들이 아닌가? 아니다. 그들의 관계는 변하지 않았다. 단지 그들의 친밀함이

깨진 것이다.

이처럼 관계는 탄생에, 친밀함은 행동에 달렸다. 사과하는 순간 아이는 용서받는다. 아버지의 용서로 친밀함은 회복된다. 그 이전이나 이후나 관계는 똑같다. 일시적으로 불순종하고 반항했지만, 그렇다고 아들이라는 사실이 바뀌지는 않는다.

하나님의 자녀도 마찬가지다. 죄를 지었다고 해서 하나님의 자녀라는 관계가 끊어지지는 않는다. 다만 죄를 고백하고 포기할 때까지 하나님과의 친밀함에 지장이 있다. 하나님은 언제든 우리가 "죄를 자백하면 그는 미쁘시고 의로우사 우리 죄를 사하시며 우리를 모든 불의에서 깨끗하게 하"(요일 1:9)신다.[1]

다른 방법으로 관계와 친밀함에 대해 알아보자. 2장에서 언급한 '영원한 안전'을 기억하는가? 죄인을 입양하여 가족으로 삼으실 때 하나님은 그 관계를 영원히 세우신다. 누구도 하나님과 입양된 자녀의 관계를 뺏을 수 없다. 어떤 행동을 하고 어떤 실패를 하든 하나님은 결코 우리를 버리지 않으신다.

"내가 확신하노니 사망이나 생명이나 천사들이나 권세자들이나 현재 일이나 장래 일이나 능력이나 높음이나 깊음이나 다른 어떤 피조물이라도 우리를 우리 주 그리스도 예수 안에 있는 하나님의 사랑에서 끊을 수 없으리라"(롬 8:38-39).

우리는 또한 '구원의 확신'에 대해서도 알아보았다. 구원의 확신이란 자신의 영원한 안전을 내적으로 인식하는 것이다. 당신이 그리스도인이라면, 하나님은 어떠한 일이 있어도 당신과 영원히 함께하신다. 그 사실을 당신이 깨닫기를 하나님은 바라신다(요일 5:13 참조). 당신은 더 이상 죄의 노예가 아니라 하나님의 자녀다.

우리는 하나님께서 약속하신 영원한 안전을 확신하길 갈망한다. 그 확신을 우리에게 심어 주는 것이 바로 하나님과의 친밀함이다. 친밀함이 강할수록 구원의 확신도 더욱 강해진다. 물론 확신이 얼마나 강한지가 하나님과의 영원한 관계를 결정하는 건 아니다. 그러나 확신은 '구원의 기쁨에 필수적'이라고 마틴 로이드 존스(Martyn Lloyd-Jones)는 말했다.

결혼이 좋은 예다. 나는 킴과 1994년 7월 8일에 결혼했다. 그러나 부부가 되었다고 해서 언제나 기쁨을 느끼는 건 아니다. 부부가 되었다는 사실 자체가 좋은 결혼을 보장하지 않는다. 감사하게도 우리 부부는 우리의 관계를 즐긴다. 그만큼 노력하기 때문이다. 함께 휴가를 떠나고 정기적으로 외식하며 서로를 위해 시간을 내고 상대방이 하는 일에 관심을 보인다. 서로 노력하기 때문에 우리는 남편과 아내라는 이 관계에 안정감을 느낀다. 하나님과의 관계도 마찬가지다. 당신이 노력만 하면, 하나님과의 관계를 확신하는 데서 찾아오는 달콤한 안정과 평안을 맛볼 수 있다.

그렇다면 하나님과의 관계를 위해 어떤 노력이 필요할까? 성경은 순종이 하나님과의 친밀함을 높인다고 말한다. 그러나 얼마나 순종했느냐가 곧 우리와 하나님과의 관계를 결정하는 건 아니다. 순종은 하나님과의 관계가 아닌 하나님과의 친밀함과 구원의 확신에 상당한 영향을 미친다.

하나님과의 친밀함을 더하는 순종

여기서 말하는 순종은, 하나님의 규칙을 외적으로 철저히 따르는 것을 의미하지 않는다. 물론 순종은 그분의 명령을 준수하는 것과 관련이 있다. 하지만 하나님은 정해진 규칙을 엄격히 따르는 것 이상을 우리에게 바라신다.

하나님은 우리가 그분을 사랑하고, 그분을 기쁘시게 하려는 마음으로 그분이 원하는 행동을 함으로써 순종할 때 영광 받으신다. 성경은 하나님을 향한 사랑과 그분에 대한 순종은 동전의 양면과 같다고 말한다. 다시 말해 이 둘은 결코 분리될 수 없다.

"하나님을 사랑하는 것은 이것이니 우리가 그의 계명들을 지키는 것이라"(요일 5:3).

예수님께서는 "네 마음을 다하고 목숨을 다하고 뜻을 다하여 주너의 하나님을 사랑하라 하셨으니 이것이 크고 첫째 되는 계명"이라고 말씀하셨다(마 22:37-38). 당신은 정말 하나님을 사랑하는가? 당신의 행동이 그 대답이다. "너희가 나를 사랑하면 나의 계명을 지키리라"(요 14:15).

요한일서는 영생이 있음을 사람들에게 알리려고 사도 요한이 쓴 책이다(요일 5:13 참조). 하나님은 자녀들이 그분과의 관계를 의심하면서 살기 바라지 않으신다. 하나님과의 관계를 맺고 있다면, 관계에 대한 확신을 갖고 살기 바라신다.

요한은 이 서신에서 자신에게 영생이 있는지 세 가지 방법으로 확인할 수 있다고 말한다. 첫째는 당신이 무엇을 믿는가이며, 둘째는 당신이 무엇을 사랑하는가, 셋째는 당신이 어떻게 행동하는가를 점검하는 것이다. 앞에서 우리는 처음 두 가지 방법을 이미 다루었다. 이번에는 세 번째 방법, 즉 하나님께 대한 순종을 알아보기로 한다.

요한의 말이다. "우리가 그의 계명을 지키면 이로써 우리가 그를 아는 줄로 알 것이요 그를 아노라 하고 그의 계명을 지키지 아니하는 자는 거짓말하는 자요 진리가 그 속에 있지 아니하되"(요일 2:3, 4). 다음 장에도 그는 같은 설명을 되풀이한다. "그의 계명을 지키는 자는 주 안에 거하고 주는 그의 안에 거하시나니 우리에게 주신 성령으로 말미암아 그가 우리 안에 거하시는 줄을 우리가 아느니라"(요일 3:24).

하나님은 그분을 참으로 아는 사람에게만 성령을 주신다. 우리에게 성령이 있는지 확인하려면, 우리가 하나님의 계명에 순종하는지 자신의 삶을 살펴보면 된다.

요한의 설명은 분명하다. 하나님께 순종하는 일에 관심이 없다면, 당신에게 성령이 없다는 증거다. 성령이 없다면 당신이 하나님과 관계를 맺지 않았다는 뜻이다. 그러나 하나님께 순종하려는 마음이 있다면, 당신 안에 성령이 계시고 하나님과 영원한 관계를 맺었다고 확신할 수 있다. 하나님께 입양될 때 당신은 새로운 마음을 받았다. 그 마음이 있으면 자연히 하나님의 율법을 즐거워하게 된다(시 1:2 참조). 당신도 시편 기자와 더불어 기도하게 될 것이다.

"내 눈을 열어서 주의 율법에서 놀라운 것을 보게 하소서 …… 주의 증거들은 나의 즐거움이요 나의 충고자니이다"(시 119:18, 24).

순종은 참된 그리스도인에게 결코 구속이 아니다. 내가 하나님의 영원한 자녀라는 강한 확신과 참된 자유를 얻는 지름길이다.

우리는 아직 완전하지 않다

그러나 잠깐, 순종하지 못하는 자신 때문에 완전히 낙심하여 이 책을 덮기 전에 당신이 알아야 할 사실이 있다. 순종이 곧 완전함을 뜻하지는 않는다는 사실이다. 요한은 순종이 중요하다고 말하는 동시에 우리는 결코 완전할 수 없다고 덧붙였다. "만일 우리가 죄가 없다고 말하면 스스로 속이고 또 진리가 우리 속에 있지 아니할 것이요"(요일 1:8).

하나님의 자녀일지라도 끊임없이 죄와 씨름해야 한다. 사도 바울 역시 죄 때문에 고뇌했다. 하나님은 바울을 자녀로 입양하실 때 그에게 새로운 생각, 새로운 열망, 새로운 행동을 주셨다. 그 후 바울은 다르게 생각하고 느끼고 살았지만, 여전히 남은 죄 때문에 하나님께서 싫어하시는 일을 할 때도 있었다. 치열한 내면의 싸움은 그를 절박한 외침으로 이끌었다. "오호라 나는 곤고한 사람이로다 이 사망의 몸에서 누가 나를 건져내랴"(롬 7:24).

당신은 어떤지 모르겠지만 나는 바울의 심정을 충분히 공감한다. 존 머레이(John Murray)는 이렇게 설명했다. "수도를 점령하던 원수는 패배한 뒤에도 하나님 나라의 요새를 쉴 새 없이 공격한다."[2]

우리가 하나님께 구출되기 전에는 죄가 우리의 주인 노릇을 하며 우리 영혼을 마음대로 지배했다. 그런 우리를 입양하신 하나님은 죄를 우리 삶의 권좌에서 끌어내리셨다. 하지만 여전히 죄는 우리를 끊임없이 공격한다.

아직 우리는 완벽히 순종하는 삶을 살 수 없다. 그러나 새로운 날이 오고 있다. 예수 그리스도를 통해 죄를 용서받은 우리가 죄에서 완전히 자유로운 상태로 일하고 예배하는 날이 올 것이다. 새로운 세상에서는 우리 마음과 생각에 죄가 없으며 고통도 없고 눈물도 없고 실망도 없고 실패도 없다.

그때까지는 그리스도인도 불완전함과 죄에 맞서 싸워야 한다. 완전히 순종하며 살지 못해도, 하나님의 자녀라면 과거와는 다른 삶을 살 거라고 요한은 분명히 말한다.

남편 문제로 괴로워하는 부인과 이야기를 한 적이 있다. 그녀는 고통스러운 결혼에 실망해 다른 남자에게 사랑을 갈구했다. 그것이 잘못된 행동임을 그녀 스스로도 인정했다. 간음은 죄이며 하나님이 혐오하신다는 것도 인정했다. 그런데 왜 멈추지 못하는가? 그녀는 이렇게 대답했다. "완벽한 사람은 없잖아요."

우리도 그와 같지 않은가? '아무도 완벽하지 않다'는 사실을 변명으로 우리의 죄와 결점을 합리화한다. 나도 그렇다. 나는 잘못인 줄 알면서도 차를 운전할 때 종종 속도를 위반한다. 속도를 즐기는 성향 탓에 나의 운전 경력은 형편없다. 아내가 속도를 위반했다고 점잖게 지적하면 나는 이렇게 대답한다. "여보, 다른 차들과 보조를 맞춰야지."

우리는 완벽한 사람은 없다는 말로 위안을 삼으면서 죄에 대한 책임을 회피하기 쉽다. 다른 사람의 타락을 보며 나의 타락을 변명하는 것이다. 물론 완벽한 사람은 없다. 그러나 당신이 '나는 하나님을 아는가?'라는 질문을 진지하게 생각한다면 그런 변명은 전혀 도움이 되지 않는다.

왜인지 아는가? 하나님과 관계를 맺은 사람의 마음에는 성령께서 다르게 살고자 하는 갈망을 일으키시기 때문이다. 그로 인해 우리는 하나님을 경외하는 생각과 감정을 경험하기 시작하고, 이는 다시 하나님을 경외하는 행동으로 이어진다. 단순히 내면의 변화에서 그치는 것이 아니다. 일상생활의 변화까지 이어진다.

하나님의 참된 자녀에게는 열매가 있다고 예수님은 말씀하셨다. 바울은 사랑, 희락, 화평, 오래 참음, 자비, 양선, 충성, 온유, 절제가 그 열매라고 말했다(갈 5:22, 23 참조). 하나님의 자녀가 된 사람은 과거에 '예'라고 대답했던 유혹들에 대해 이제 '아니요'라고 거절한다. 자신의 말과 행동, 사는 방식을 다시 생각한다. 하나님이 나에게 원하시는 행동에 관심을 기울인다. 궁극적으로 하나님을 경외하는 삶을 추구한다.

내가 하나님을 안다고 확신하는 이유는 나의 삶이 과거와는 완전히 달라졌기 때문이다. 나를 잘 아는 사람들에게 물어보라. 그들은 내가 완벽한 사람과는 거리가 멀다고 이야기할 것이다. 그러나 동시에 내가 과거와는 완전히 다르다는 말도 빼놓지 않을 것이다. 나의 행동은 과거와 전혀 다르다. 내 삶에 일어난 변화는 모두 하나님이 내 안에 일으키신 영적 변화 때문이다.

우리 교회에 다니는 짐과 셰리도 급격한 변화를 경험했다. 구원받기 전 둘은 결혼하지 않은 채 동거했다. 그들에게는 대수롭지 않은 일이었다. 그러나 하나님의 자녀가 된 뒤로 그들은 성과 결혼에 대한 하나님의 명령을 배웠다. 그들은 혼인하지 않고 함께 자는 것이 잘못임을 깨달았다. 짐은 변화를 시도하기로 결심했다.

처음에는 짐이 소파에서 따로 잤다. 그러나 효과는 이틀을 채 못 갔다. 둘은 한쪽이 나가는 문제에 대해 고민했다. 쉽게 내릴 수 있는 결정은 아니었다. 주택 대출과 전화비 등 모든 것이 둘의 이름으로 되어 있었다. 그렇다고 둘의 수입으로는 추가적인 거처를 마련할 수도 없었다. 물론 둘은 서로를 사랑했고 언젠가 결혼하기로 약속했다. 하지만 그 전에 하나님과의 관계 속에서 각자 성장할 시간이 필요했다. 결국 짐이 어머니 댁으로 들어갔다.

당시 짐은 40대였고, 어머니 댁은 그의 직장에서 가깝지도 않았다. 불편한 게 이만저만이 아니었다. 그러나 짐에게는 큰 문제가 되지 않았다. 그는 하나님과의 관계, 하나님께 순종하는 것에 더욱 마음을 쏟았다. 짐과 셰리는 하나님의 달콤한 임재를 전보다 깊이 확신하게 되었다. 이제 둘은 결혼하여 잘 산다. 그들은 하나님을 경외하는 마음으로 힘들게 내린 결정이 둘의 관계에 전환점이 되었다고 말한다.

선교사 헨리 마틴(Henry Martyn)도 하나님께서 그를 입양하셨을 때 비슷한 변화를 경험했다. "그 일이 실제로 일어났다. 나는 이제 하나님이 계심을 의심하지 않는다. 내 모든 욕망은 완전히 달라졌다. 여전히 넘어질 때가 있지만, 완전히 다른 길을 걸어간다."[3]

그리스도인이 된 우리의 모습은 아직 완전하지 않다. 그러나 더는 과거의 모습 그대로도 아니다. 우리는 마치 광야에서 방황하던

이스라엘 민족과도 같다. 애굽의 노예 상태에서는 벗어났으나 아직 약속의 땅에는 들어가지 못한 그런 상태 말이다.

우리의 성장을 기다리시는 하나님

하나님은 구원하신 자녀가 성장하기를 기대하신다. 하나님이 당신을 구원하셨는지 알고 싶은가? 그 확실한 방법 가운데 하나는 바로 당신이 성장하고 있는지 삶을 통해 확인하는 것이다.

성령님이 당신을 순종하는 삶으로 이끄시는가? 당신의 삶은 과거와 다른가? 당신은 하나님을 향해 가는가, 아니면 하나님으로부터 멀어지고 있는가? 거룩함을 추구하고 경건을 실천한다면 하나님께 속했다는 확실한 증거다.

하나님은 이렇게 명령하신다. "그러므로 너희가 더욱 힘써 너희 믿음에 덕을, 덕에 지식을, 지식에 절제를, 절제에 인내를, 인내에 경건을, 경건에 형제 우애를, 형제 우애에 사랑을 더하라"(벧후 1:5-7). 그리고 약속하신다. "이런 것이 너희에게 있어 흡족한즉 너희로 우리 주 예수 그리스도를 알기에 게으르지 않고 열매 없는 자가 되지 않게 하려니와"(벧후 1:8).

우리가 하나님께 순종하고 하나님께 받은 새로운 삶을 실천할 때 우리는 그분의 부르심과 택하심을 확신할 수 있다(벧후 1:10 참조). 하나님을 기쁘시게 하는 삶을 살수록 우리는 그분과 더욱 친밀한 관계를 누린다. 하나님과의 관계가 친밀할수록 내가 하나님의 자녀라는 내면의 확신이 굳건해진다. 그러나 죄와 불순종은 하나님과의 친밀함을 빼앗고 우리 안에 수많은 의구심을 일으킨다.

나는 목회자가 되려고 준비하던 신학교 시절, 공부가 바빠지자 신앙 훈련을 등한시했다. 기도를 거르고 성경을 소홀히 읽고 죄악된 행동이 삶에 들어오도록 허용했다. 참된 그리스도인이 된 후 그렇게 2년을 보냈을 때 나는 하나님과의 관계가 뒤처진다는 느낌이 들었다. 하지만 이유를 알 수 없었다.

하루는 차를 운전하다 이런 생각이 들었다. '나는 하나님과 참된 관계를 맺고 있는가?' 성경에 나오는 그리스도인들의 삶과 내 삶을 비교해 보니 비슷한 점을 찾을 수가 없었다. 쉽게 허용한 불순종이 하나님과의 관계에 대한 나의 확신을 앗아간 것이다. 또다시 나는 내가 누구인지 헷갈리기 시작했다. 무슨 일이 벌어진 걸까? 하나님과 나의 관계는 끝난 것일까?

우리의 행동은 하나님과의 친밀함에 영향을 끼친다. 하지만 하나님께 불순종하고 그분을 경외하기를 등한시했다 해서 하나님의 자녀라는 우리의 자격이 취소되는 건 아니다. 그러나 하나님과의 친밀함이 사라지고 그분과의 관계에 대한 내면의 확신이 줄어든다.

하나님과의 관계를 확신하고 싶은가? 그렇다면 하나님을 추구하며 그분이 원하는 삶을 이어나가라. 모든 생각과 감정과 행동을 다해 하나님을 열심히 추구할 때 우리는 더 많은 확신을 얻을 수 있다. 하나님을 추구하는 데 생각과 감정과 행동을 다하지 못하면 그만큼 확신도 줄어든다. 다시 말하지만, 당신이 죄를 짓는다고 해서 하나님께 제명당하지는 않는다. 그러나 죄는 당신에게서 하나님과의 친밀함과 사랑의 임재를 빼앗는다.

조엘 비키(Joel Beeke)는 "낮은 수준의 순종으로는 높은 수준의 확신을 경험할 수 없다"고 말했다. 그러기에 바울은 선한 싸움을 싸우고 계속 앞으로 나가며 경주하라고 권면한다. 성경이 하나님의 자녀로서 우리가 어떻게 살아야 하는지 강조하는 이유도 이 때문이다. 우리는 과거의 죄악된 습관을 벗고 새로운 경건의 습관을 입어야 한다(엡 4:20-24 참조).

내가 하나님의 자녀라는 달콤한 확신이 사라졌던 그때 나는 나의 삶을 돌아보았다. 그리고 하나님을 추구하는 나의 노력이 예전보다 줄어들었음을 발견했다. 나는 하나님의 사랑을 다시 느끼고 싶었다. 삶에서 하나님을 2등으로 밀어냈음을 고백하고 다시 으뜸으로 모시겠다고 결단했다. 그 후 나는 하나님을 더욱 열심히 추구하고, 기도와 성경 공부를 통해 하나님과 더 많은 시간을 보냈다. 죄와 타협할 수 없다는 내면의 결단도 더욱 확고해졌다.

내가 하나님께 순종했을 때 하나님과의 관계에 대한 나의 감각도 회복되었다. 죄 때문에 하나님과 멀어졌다 생각했던 순간에도 그분은 결코 나를 떠나시지 않았음을 깨달았다. 하나님은 결코 나를 떠나거나 버리지 않으신다(히 13:5 참조). 하나님의 용서의 능력은 내가 죄를 짓는 능력보다 훨씬 강하다. 내가 최선을 다해 하나님으로부터 도망쳐도 나를 향하시는 하나님의 최선에는 비할 수 없다.

지금까지 6-8장에 걸쳐 하나님을 아는지 확신하는 방법을 설명했다. 우리가 하나님의 약속을 믿고, 그분을 갈급하며 그분을 기쁘시게 하려는 우리의 믿음이 삶으로 드러날 때 우리는 하나님과의 관계를 확신하게 된다.

그렇다면 이 세 가지 방법을 매일의 삶 속에서 우리가 어떻게 실천하고 훈련할 수 있는지 알아보자.

PART 4

진짜 확신도
흔들리나요?

영적 훈련으로 지속되는
관계에 대한 확신

DO I KNOW GOD?

우리 주 곧 구주 예수 그리스도의 은혜와
그를 아는 지식에서 자라 가라(벧후 3:18).
_ 사도 베드로(Apostle Peter)

09

DO I KNOW GOD?

저절로 깊어져야 진짜라는 착각

당신의 삶에서 중요한 관계들을 생각해 보라. 배우자, 아이들, 부모님, 친한 친구들까지 모든 건강한 관계는 사랑으로 노력할 때 가능하다.

앞에서 말했듯이 우리 부부는 서로 사랑하지만, 친밀한 관계를 유지하기 위해 시간을 내고 관심을 갖고 서로에게 귀를 기울인다. 이러한 노력은 때로 다람쥐 쳇바퀴 돌리듯 제자리걸음 같기도 하지만, 정말 중요한 것을 기억하고 지키는 데는 노력이 필요한 법이다. 우리 부부는 지금 누리는 사랑과 관계를 당연하게 여기지 않도록 함께 보내는 시간을 의도적으로 계획하고 준비한다. 우리가 즐겁게 보낼 기회를 놓치지 않도록 주의를 기울인다.

역설적으로 들리겠지만, 지속적인 열정에는 훈련이 필요하다. 어제 한 남자가 찾아와 아내와의 관계가 냉랭해졌다고 말했다. "무슨 일인지 모르겠습니다. 우리 부부는 참 가까웠던 것 같은데요. 좋아하는 것도 비슷하고 좋아하는 사람도 비슷하고, 저희는 비슷한 점이 많았어요. 그런데 지금은 완전히 멀어졌습니다."

이야기를 들어 보니 그들은 첫째 아이가 태어난 뒤로 조금씩 멀어진 듯했다. 그들의 삶은 더욱 분주해졌고 남편은 일에, 부인은 아기에게 많은 시간을 들여야 했다. 또 부인은 한밤중에 일어나 아기에게 젖을 물리기 위해 일찍 잠자리에 들었는데, 그러다 보니 부부가 함께 잠자리에 드는 일이 줄었다. 둘만의 시간도 줄어들었다. 대화도 사라지고, 얼마 없는 대화조차 대부분 일에 대한 이야기뿐이었다. 점차 둘 사이에 거리가 벌어졌다.

많은 부부가 그렇다. 아기가 태어나기 전에는 둘만의 시간을 내는 게 수월하지만, 아기가 생긴 뒤에는 노력이 필요하다. 그런데 이 부부에게는 노력이 생략되었다. 순진하게도 건강한 관계는 자연스럽게 이루어진다고 생각했던 것이다.

하나님과의 관계도 마찬가지다. 하나님은 자녀인 당신과 건강한 관계를 맺기 바라신다. 하나님이 당신을 얼마나 사랑하는지 당신이 알고 경험하기 바라신다. 당신이 정말로 하나님과 건강한 관계를 원한다면, 그분의 사랑과 친밀함을 경험하여 정말로 하나님을 아는지 확신하고 싶다면, 당신에게는 노력과 영적인 훈련이 필요하다. 사도 야고보의 말이다. "하나님을 가까이하라 그리하면 너희를 가까이하시리라"(약 4:8).

이번 장에서는 우리가 입양된 자녀로서 하나님과 가까이 있음을 확신하는 실제적인 방법을 알아보겠다.[1]

하나님께서 마련하신 은혜의 자리

타락하고 변덕스러운 우리가 하나님의 임재로 나아가기 위해서는 영적 훈련이 필요하다. 영적 훈련은 우리가 하나님을 만나고 그분을 가까이 경험하는 장소로 들어가기 위한 의도적인 훈련이다.

하나님은 자녀들이 그분을 만날 수 있도록 장소를 마련하신다. T. M. 무어(T. M. Moore)는 이 장소를 가리켜 "특별한 은혜의 자리"라고 말했다. 여기에서 우리는 하나님의 사랑과 관심을 경험할 수 있다. 이곳은 하나님을 향한 우리의 사랑과 우리를 향한 하나님의 사랑이 새로워지고 깊어지는 장소다.

도널드 휘트니는 그곳으로 들어가기 위한 열 가지 영적 훈련을 제시했다. 성경 읽기, 기도, 예배, 전도, 섬김, 청지기, 금식, 침묵·고독, 일기, 듣기가 그것이다. 성경을 바탕으로 한 이들 훈련은 지난 2000년 동안 기독교 전통을 더욱 풍성하게 했다. 이 훈련들을 삶에 적용할 때 우리는 더욱 높고 뜨거운 차원으로 하나님을 경험할 수 있다.

영적 훈련은 하나하나가 중요하고 가치 있다. 그러나 내가 특별히 강조하고 싶은 영적 훈련의 기본 세 가지가 있다. 바로 성경 읽기, 기도, 교회에 대한 헌신이다.

영적 훈련에 본격적으로 들어가기 전에 우리는 다음을 알아두어야 한다. 영적 훈련을 한다고 해서 우리 인생에 시련이 사라지는 것은 아니다. 우리는 타락한 세상에 사는 타락한 죄인이다. 영적 훈련은 우리를 패배와 낙심으로부터 지켜 주는 마법의 도구가 아니다. 우리는 여전히 홀로 떨어진 듯한 기분과 절박함을 느끼는 시기를 경험할 것이다. 하나님을 추구하는 일에 실패했을 때는 실망도 할 것이다.

그러나 영적 훈련은 하나님과의 관계를 성장시키고, 삶의 어려움과 시험에 대처하는 데 도움이 된다.[2] 만일 우리가 영적 훈련을 무시한다면 우리는 머지 않아 영적 기근에 빠질 것이다. 아내와 거리가 멀어졌다고 고백했던 남자처럼 우리는 하나님과 거리가 멀어졌다고 느끼게 된다.

하나님의 실재와 임재에 대한 경험은 우리가 은혜의 자리에서 하나님을 만나느냐에 달려 있다. 우리는 은혜의 자리에서 우리를 향한 하나님의 강렬한 사랑을 경험할 수 있다.

영적 훈련 1_
성경 읽기, 하나님의 음성을 듣다
다섯 살 난 딸 제나는 이런 노래를 즐겨 부른다.

매일 성경을 읽고 기도하라, 매일 기도하라, 매일 기도하라.
매일 성경을 읽고 기도하라, 그러면 자라고 자라고 자라리라.

단순한 가사지만 그리스도인의 성장에 대한 비밀이 담긴 노래다. 먼저 '성경을 읽고'라는 부분부터 살펴보자.

성경을 읽고 그 가르침에 귀 기울이지 않는다면 하나님과 우리의 관계는 성장할 수 없다. 하나님은 성경을 통해 우리에게 개인적으로 말씀하신다. 디모데후서 3장 16, 17절을 보자. "모든 성경은 하나님의 감동으로 된 것으로 교훈과 책망과 바르게 함과 의로 교육하기에 유익하니 이는 하나님의 사람으로 온전하게 하며 모든 선한 일을 행할 능력을 갖추게 하려 함이라."

하나님은 성경을 통해 하나님이 누구시며 우리는 누구이고 어떻게 살아야 하는지 말씀하신다. 또한 격려와 훈계와 도전과 위로와 충고를 주시고, 원수의 땅이 어떠한지 자녀들에게 경고하신다. 마귀의 지뢰를 피하는 법을 알려 주시며, 아버지로서 우리를 지켜 주신다. 우리가 계속 달음질하도록 필요한 힘을 주신다.

우리는 성경을 읽고 그 가르침을 들을 때 자녀들을 향한 하나님의 사랑과 애정을 발견한다. 그리고 최고의 것은 아직 우리에게 주시지 않았으며, 앞으로 주실 거라는 하나님의 약속도 배운다. 성경은 하나님께서 우리의 과거를 용서하시고 우리의 현재에 힘을 주시며 우리의 미래를 온전케 하신다고 말한다. 성경에 담긴 하나님의 진리에 귀를 기울일 때 우리는 구원의 확신을 얻을 수 있다.

당신이 만약 성경에 익숙하지 않아 어디부터 읽어야 할지 모르겠다면, 또는 이해하기 어려워서 성경 읽기가 겁이 난다면 다음의 몇 가지를 시도해 보라.

우선 성경 읽기 계획을 세운다. 나 같은 사람은 계획을 세우지 않으면 성경을 읽으려 하지 않는다. 계획을 세우는 건 간단하다. 언제 어디를 읽을지 정하면 된다. 나에게는 두 가지 자료가 많은 도움이 되었다.

첫 번째 자료는 〈디사이플십저널 Discipleship Journal〉 성경 읽기표다.[3] 1년 동안 매일 구약과 신약에서 각각 두 군데씩 읽게 되어 있다. 나는 아침에 두 곳을 읽고 저녁에 나머지 두 곳을 읽는다. 이렇게 하면 1년 안에 성경을 통독할 수 있다.

두 번째 자료는 『1년성경 The One Year Bible』이다. 1년 동안 매일 읽을 성경 구절이 잘 정리되어 있다. 나는 이 성경을 색다르게 사용한다. 정해진 대로 하루에 네 곳을 다 읽지 않고 처음 1년은 하루에 두 곳만, 남은 두 곳은 이듬해에 읽는다. 나에게는 '2년성경'인 셈이다. 그래도 괜찮다. 하루에 성경을 얼만큼 읽어야 한다는 규칙은 없다.

성경을 읽어도 무슨 말인지 모르겠다면 괜찮은 스터디 성경을 구입해 보라. 스터디 성경에는 성경에 대한 주석과 설명이 있어서 도움이 많이 된다. 나는 존더반(Zondervan) 출판사에서 나온 『개혁영성

스터디성경 Spirit of the Reformation Study Bible』을 추천한다. 이해하기 어려운 구절과 개념에 대해 주석과 설명이 잘 되어 있다.

중요한 것은 매일 성경을 읽도록 훈련하는 것이다. 이해가 안 되더라도 시간을 따로 정해서 매일 읽는다면, 하나님과 보내는 시간을 지키려는 당신의 노력을 하나님이 귀하게 보실 것이다. 우리가 하나님께 시간을 드릴 때 그분과의 관계는 반드시 성장한다.

큰아들 게이브가 처음 말을 배울 때 그는 그야말로 쉴 새 없이 떠들었다. 물론 우리는 아이의 말을 전부 알아들을 수는 없었다. 하지만 계속 듣다 보니 아이와의 관계가 더욱 친밀해졌다. 이해 여부와 상관없이 매우 값진 대화였다. 우리는 수용과 듣기와 사랑과 웃음을 아이와 함께했던 것이다.

그러므로 당신이 말씀을 전혀 이해하지 못하더라도, 성경을 통해 말씀하시고 당신과의 관계를 키우시는 하나님의 능력을 과소평가하지 말라. 하나님의 음성을 듣는 훈련을 계속하면 당신도 계속 성장할 것이다.

영적 훈련 2_

기도, 하나님과 대화하다

앞에서 제나가 부른 노래의 다음 부분은 '매일 기도하라'이다. 나는 뉴시티교회 성도들에게 이런 말을 자주 한다. "성경은 우리에게 말씀하시는 하나님의 방법이며, 기도는 하나님께 말씀 드리는 우리의 방법이다."

모든 건강한 관계는 규칙적인 양방향 대화가 필요하다. 기도 없는 성경 읽기는 충분하지 않으며, 성경 읽기 없는 기도도 마찬가지이다. 우리가 하나님이 가까이 계심을 경험하는 가장 효과적인 방법은 성경 읽기와 기도를 결합하는 것이다. 다시 말해 하나님과 양방향 대화를 즐기는 것이다. 성경을 읽은 뒤 그 내용으로 기도하면 좋은 훈련이 된다.

기도는 하나님과 나누는 대화이다. 아기가 우는 것은 태어날 때 주어지는 본성이다. 우리도 하나님의 자녀로 입양될 때 기도를 새로운 본성으로 받는다. 하나님과의 대화가 바로 당신과 하나님의 관계를 확신하는 증거다. 기도 없는 삶은 하나님 없는 삶이다. 당신이 하나님과 대화하기 원하는지 살펴보라.

7장에서 말했듯 그리스도인은 세상 무엇보다 하나님을 갈망하는 사람이다. 그리고 하나님을 향한 갈망을 표현하는 방법이 기도다. 기도할 때 우리는 하늘 아버지께 마음을 모두 쏟아낸다. 하나님께는 무엇도 숨길 게 없다. 우리는 하나님을 향한 사랑을 표현하고 간구한다. 그리스도인은 기도하면서 죄를 고백하고 하나님과 그분이 하신 일에 감사드린다. 로버트 머레이 맥체인(Robert Murray McCheyne)은 이렇게 말했다. "하나님 앞에 무릎 꿇은 사람은 있는 모습 그대로 나간다."

우리는 기도할 때 우리의 전부를 하나님께 가져간다. 하나님은 결코 자녀의 말에 귀를 닫지 않으신다 신뢰하며 나아가는 것이다. 하나님은 듣는 분이다. 그분은 우리가 원하는 것을 모두 주겠다고 약속하신 적은 없지만, 우리의 말을 듣고 우리에게 필요한 것을 주겠다고 약속하셨다. 완벽한 아버지인 하나님은 구하는 자에게 좋은 것을 주신다(마 7:11 참조).

물론 기도는 쉽지 않다. 너무 어려울 때도 있다. 나도 기도가 어렵다. 솔직히 그렇지 않은 그리스도인을 본 적이 없다. 그러나 다행히도 하나님은 우리의 기도를 돕겠다고 약속하셨다. 기도할 힘이 없고 기도할 말이 생각나지 않을 때 하나님은 우리에게 힘을 주고 우리를 이끌겠다 약속하셨다.

"이와 같이 성령도 우리의 연약함을 도우시나니 우리는 마땅히 기도할 바를 알지 못하나 오직 성령이 말할 수 없는 탄식으로 우리를 위하여 친히 간구하시느니라 마음을 살피시는 이가 성령의 생각을 아시나니 이는 성령이 하나님의 뜻대로 성도를 위하여 간구하심이니라"(롬 8:26, 27).

내가 수업을 들었던 신학교 교수님께서 이런 말씀을 하신 기억이 난다. "이 구절의 의미는, 우리가 연약할 때 하나님이 우리를 통해 하나님 자신에게 직접 말씀하시겠다는 뜻이다."

나는 자주 이런 질문을 받는다. "굳이 특별한 시간과 장소를 정해서 매일 기도할 필요가 있습니까? 자동차든 야구장이든 운동할 때든 아무 때나 어디서든 기도하는 게 낫지 않나요?" 나는 결혼 생활을 빗대어 다음과 같이 설명하고 싶다.

아내와 나는 시간이 날 때마다 대화한다. 아내가 요리할 때, 아이들의 숙제를 도울 때, 아들의 농구 경기를 볼 때처럼 기회가 있을 때마다 이야기를 나눈다. 이러한 짧은 대화들은 참 좋다. 그러나 우리 부부는 단둘이 해변을 산책하거나, 단둘이 외식을 하거나, 또 아이들이 잠든 뒤에 단둘이 보내는 시간을 더 사랑한다. 서로에게 깊은 관심을 가질 수 있기 때문이다. 삶에서 일어나는 큰 문제들을 나누는 것도 이때다.

물론 짧은 대화도 좋다. 짧은 대화조차 없는 관계를 생각해 보라. 그러나 짧은 대화만이 유일한 대화라면 관계는 어려워진다. 짧은 대화와 깊이 있는 대화를 적절히 섞을 때 부부 관계는 더욱 성숙하며 서로를 향한 사랑도 더욱 견고해진다.

하나님과의 관계도 마찬가지다. 하루 동안 기회가 있을 때마다 그때그때 하나님과 대화하는 것이 좋다. 하나님도 우리에게 "쉬지 말고 기도하라"(살전 5:17)고 하셨다. 그러나 간단한 대화와 깊은 대화를 혼합하지 않는다면, 하나님과 우리의 관계는 어려움에 빠질 것이다. 나는 주로 아침에 하나님과 깊이 있는 대화를 나누는 것을 좋아한다.

건강한 기도 생활을 시작하는 최선의 방법 한 가지는 시편으로 기도하는 것이다. 시편은 시의 형식을 띤 기도문이다. 시편을 사용하면 우리는 올바르게 기도하는 방법과 무엇을 기도해야 할지 배울 수 있다. 시편은 하나님의 영감으로 쓰인 글이어서 시편으로 기도할 때 우리는 하나님이 중요하게 보시는 문제와 감정에 대해 알고 기도하게 된다.

시편 다음으로 큰 도움이 되는 자료는 청교도의 기도서 『영혼을 일깨우는 기도 *The Valley of Vision*』이다. 무엇을 기도해야 할지 모를 때 나는 이 기도서를 사용한다. 내용이 깊고 풍부하며 섬세하다. 이 기도서로 기도하다 보면 자주 이런 생각이 든다. '내가 하나님께 하고 싶었던 말이네. 내가 하나님께 해야 할 말인데……'

영적 훈련 3_
교회에 대한 헌신, 하나님의 가족으로 살다

교회에 대한 헌신도 영적인 훈련일까? 이상하게 생각될지 모르겠지만 내 의도는 이렇다.

하나님은 우리를 각각 구원하시지만 사실 엄밀히 말하면 공동체, 즉 살아 있는 믿음의 공동체인 교회로서 구원하신다. 그래서 개인주의적 기독교란 있을 수 없다. 하나님은 우리가 외따로 그분을 추구하며 살기를 결코 의도하시지 않았다.

하나님은 세상을 창조하신 후 "좋았더라"(창 1:31 참조)고 말씀하셨다. 그러나 한 가지를 두고 좋지 않다고 하셨는데, 바로 아담에 대해 "사람이 혼자 사는 것이 좋지 아니하니"(창 2:18)라고 하신 것이다. 하나님은 우리가 오직 그분만을 원하길 바라신다. 하지만 하나님은 우리가 그분의 선하심과 사랑을 다른 사람들을 통해 누리길 바라신다.

최근 나는 내 평생 가장 힘든 한 달을 보냈다. 솔직한 심정이다. 나 자신이 그토록 연약하고 절박하며, 하나님의 도움 없이는 도저히 살 수 없는 이런 시기가 또 있었나 싶다. 나는 아내에게 이렇게 털어놓았다. "너무 힘들어서 전보다 더 많이 기도하고 말씀도 더 열심히 읽고 하나님을 더 열심히 찾았다고 말할 수 있으면 얼마나 좋을까."

나는 그럴 수 없었다. 심리적으로 영적으로 힘이 다 빠져서 당장 그만두고 싶다는 심정으로 하루하루를 보냈다.

그 힘든 한 달을 버티도록 힘이 되어 준 사람들이 있다. 바로 그리스도인 형제자매들이다. 나는 우리 교회의 사랑과 지원 속에서 나를 등에 업고 가시는 하나님을 느낄 수 있었다. 하나님의 사람들을 의지하는 것이 하나님을 의지하는 것이며, 그 반대도 성립된다는 사실을 이번 일을 통해 배웠다.

나 혼자서는 하나님을 따라갈 수 없다. 당신 혼자서도 안 된다. 우리는 서로가 필요하다. 교회가 필요하다. 그리고 교회는 하나님의 가족이다. 하나님의 가족 안에서 사랑과 은혜를 느낄 때 우리는 하나님의 사랑과 은혜를 더불어 경험한다. 교회의 도움과 격려는 형제자매를 통한 하나님의 도움과 격려다. 그러나 교회를 통해 하나님을 경험하려면 수고와 훈련이 필요하다.

우리는 자신을 교회에 헌신하고 하나님의 사람들에게 투자할 때 우리를 향한 하나님의 헌신을 경험할 수 있다. 다른 영적 훈련과 마찬가지로 우리는 자신을 투자할수록 우리를 향한 하나님의 영원한 사랑을 더욱 확신하게 된다. 교회는 서로를 통해 각 사람이 자라고 성숙하고 변하는 하나님의 은혜의 공간이다. 그렇기에 교회를 떠나서는 하나님을 아는 것이 불가능하다.

조슈아 해리스(Joshua Harris)는 그의 책 『교회 그냥 다니지 마라 Stop Dating the Church』에서 하나님의 가족과 사랑에 빠지라고 강조한다. 그는 구원의 확신을 얻는 가장 실제적인 방법으로 지역 교회에 참여하는 것을 들었다. 왜냐하면 "지역 교회는 그리스도 안에서 우리가 얻은 새로운 삶이 살아 있음을 증명하는 곳이기 때문이다."

그러나 모든 지역 교회가 도움이 되는 건 아니다. 어떤 교회는 당신의 신앙 여정에 도움이 되지만, 어떤 교회는 그렇지 않다. 좋은 교회를 찾는 것 역시 매우 중요하다. 조슈아의 책 5장을 보면 좋은 교회를 찾는 방법이 나온다. 참고하기 바란다.

물론 교회는 다양한 성숙 단계에 있는 사람들이 모인 곳이다. 이 땅에 완벽한 교회란 없다. 당신이 작성한 목록에 모두 들어맞는 교회는 찾을 수 없을 것이다. 이런 일이 있었다.

몇 년 전 나는 우리 교회 음악 감독인 브랜든과 커피 전문점에 갔다. 우리는 나른한 오후에 카페인으로 힘을 내려고 카운터 앞에 서서 차례를 기다렸다. 그동안 젊은 바리스타는 우리가 교회에 대해 나누는 대화를 듣게 되었다. 당시 우리 교회는 겨우 1년밖에 되지 않았는데, 브랜든은 그에게 주일 예배에 오지 않겠느냐고 물었다. 바리스타는 포스트모던 세대가 보통 하는 식으로 대답했다. "영적인 것에 관심은 있지만 조직화된 종교에는 관심 없어요."

재치가 뛰어난 브랜든은 즉시 대답했다. "걱정 마세요. 우리는 별로 잘 조직되지 않았어요. 많이 엉성하거든요."

그 바리스타의 말은 오늘날 많은 사람들의 생각이 어떤지 보여 준다. 그들은 지역 교회에 속하지 않아도 하나님과 의미 있는 관계를 맺을 수 있다고 믿는다. 그러나 그리스도의 몸인 교회 없이 그리스도의 머리만 갖는 일은 불가능하다(엡 1:22, 23; 골 1:18 참조). 둘은 결코 떨어질 수 없다. 그리스도의 몸을 무시한다면 그리스도를 무시하는 것이다. 공기가 없으면 누구도 살 수 없듯이 교회 없이 그리스도인은 살 수 없다.

요점은 이것이다. 하나님과의 참된 관계는 하나님의 백성과의 참된 관계에서 나타난다. 하나님의 가족 안에 살고, 하나님의 말씀을 통해 그분의 음성에 귀를 기울이고, 그분께 기도할 때 하나님은 우리에게 구원을 확신시켜 주신다.

그러나 우리가 마음과 힘과 생각과 영혼을 다해 하나님을 추구하고 기도하고 성경을 읽고 교회에 헌신하여 영적 훈련을 하더라도, 도무지 이해할 수 없는 영적인 어둠의 시기가 찾아온다. 갑자기 하나님이 사라진 것처럼 느껴질 때 우리는 그분의 영원한 사랑을 어떻게 확신하고 붙들 수 있을까? 다음 장에서는 그리스도인의 가장 깊은 미스터리 가운데 하나를 알아보겠다.

DO I KNOW GOD?

그리스도인은 하나님이 보이지 않을 때도
그분을 신뢰해야 한다.
_ 윌리엄 거널(William Gurnall)

10

DO I KNOW GOD?

그래도 찾아오는
어둠의 시기

   당신이 하나님과 관계를 맺고 있다면, 하나님께서는 당신이 그 사실을 절대적으로 확신하기를 바라신다. 이것이 내가 이 책을 통해 당신에게 전하고픈 메시지다. 우리는 하나님의 성품과 말씀을 진리로 알고, 믿고, 행동할 때 확신을 깨닫는다. 또한 하나님을 추구하고, 그분께 순종하며, 영적 훈련을 통해 그분께 가까이 나아갈 때 확신을 경험한다. 모든 생각과 감정과 행동을 통해 우리가 하나님을 더욱더 추구한다면, 하나님의 자녀라는 확신 또한 더욱더 깊어질 것이다.

   그러나 생각과 감정과 행동을 다해 하나님을 추구하는데도 그분이 여전히 멀게 느껴진다면 어떻게 해야 할까? 하나님께 가까이 갔는데 하나님이 오시지 않는다면? 열심히 하나님을 사랑하고 삶에서 그분을 경외하려고 노력하는데도 하나님이 보이지 않고 그분의 끔찍한 침묵 속에서 우리 영혼이 냉담해진다면?

하나님의 끔찍한 침묵을 경험한 래리의 이야기를 들어 보자. 래리는 오레건 주에 있는 기독교 대학에서 저널리즘을 전공한 마지막 해에 하나님으로부터 언어와 커뮤니케이션에 대한 열정을 받았다. 래리는 졸업 후 기독교 작가와 편집자로서 일하고 싶었다. 그래서 규칙적으로 기도하고 성경을 공부했으며, 기독교 대학의 다른 학생들이 그렇듯 채플에도 참석했다. 그때 그는 하나님이 어디에나 항상 계심을 느꼈다.

그런데 어느 날 저녁, 갑자기 모든 것이 달라졌다. 래리는 그때를 설명하며 이렇게 말했다. "순식간에 일어난 일이다. 그동안 지극히 정상적이고 안전하며 하나님과 가까이 있다고 느꼈는데, 갑자기 누군가가 조명 스위치를 끈 느낌이었다. 나는 똑바로 앉아서 무슨 일이 일어났는지 확인하려고 주위를 둘러보았다. 설명할 수는 없지만 하나님이 떠나셨다고 직감했다. 내 기분이 그랬다. 하나님이 방에서 떠나셨다."

그는 버림받은 기분에 혼란스러웠다. 하나님께서 왜 떠나셨을까? 내가 무슨 행동을 했기에 하나님이 떠나신 걸까? 절대로 나를 떠나거나 버리지 않겠다고 하나님이 약속하시지 않았던가?

그 후 래리는 몇 달간 기도하고 금식하고 죄를 고백하고 성경을 깊이 묵상하면서 하나님께서 돌아오시기를 간구했다. 아니면 최소한 이해라도 하게 해 달라고 기도했다. 그러나 하나님의 침묵은 계속되었다. 래리는 혼자인 것 같은 혼란 속에서 여러 날을 울부짖었다. 그는 이렇게 고백했다. "평생 싱글로 살았지만 이렇게 지독한 고독은 처음이었다."

래리는 영적으로 소진되어 갔다. 그의 믿음은 도전과 위협을 받았다. 하지만 그는 뒤로 물러나지 않았다. 하나님을 추구하는 일을 멈추지도 않았다. 졸업 후 어느 여름, 부모님 댁에 온 래리는 완전히 무너져 하나님 앞에 무릎을 꿇었다. "그때 나는 심적으로나 영적으로나 완전히 지친 상태였다. 더는 할 수 있는 기도가 없었다. 생각나는 죄도 모두 고백하고 회개했다. 하나님을 되찾기 위해 나는 모든 일을 다 했다. 눈물이 얼굴에 흘러넘쳤다."

하지만 그는 다시 한 번 하나님을 찾기로 했다. "하나님, 더 이상 무슨 기도를 해야 할지 모르겠습니다. 주님을 섬기고 예배하는 데 제 삶을 헌신했습니다. 하지만 지금 이 상황이 무엇인지 도무지 이해도 안 되고 모르겠습니다. 주님에 대해 안다고 생각했던 모든 것이 사실은 착각 같습니다. 완전히 벌거벗은 느낌입니다. 제게 남은 건 의심뿐입니다. 만일 주님이 안 계시다면 저는 거짓말에 제 삶을 헌신한 셈이 되겠죠. 주님이 정말 계시다면……, 저는 주님이 누구신지 정말로 조금도 모르겠습니다."

그 순간 래리는 8개월 만에 처음으로 하나님이 웃으신다고 느꼈다. 그의 마음속에 하나님께서 하시는 말씀이 느껴졌다. "네가 마침내 깨달았구나. 나는 여기 있다, 래리야. 너는 내가 진짜로 누구인지 모른단다. 너는 나를 구조와 조직과 요점으로 제한하지만 나는 그 이상이란다."

그때 래리는 하나님이 자신을 어둠에서 들어올리시는 걸 느꼈다. 그는 하나님을 완전히 새롭게 깨달았다. 삶이 완전히 달라지는 경험이었다. 마치 욥의 경험과 비슷했다.

"내가 주께 대하여 귀로 듣기만 하였사오나 이제는 눈으로 주를 뵈옵나이다"(욥 42:5).

많은 그리스도인들은 하나님이 침묵하시고 멀리 계시며 사라져 버리신 듯한 끔찍한 시기를 경험한다. 중력 같은 힘이나 개념 정도로 하나님을 생각하는 사람들에게는 그 상황이 별로 심각하게 들리지 않을 것이다. 그러나 예수 그리스도를 통해 맺은 하나님과의 관계를 아는 그리스도인들에게는 이보다 큰 재앙이 없다.

이런 뜻밖의 상황은 왜 일어나는가? 때로는 우리가 지은 죄나 하나님과의 시간을 등한시한 탓에 하나님과 멀어지기도 한다. 그 시간은 고통스럽다. 하지만 이 경우 우리는 하나님의 임재를 더 이상 느끼지 못하는 이유와 그분과의 친밀함을 회복하는 방법을 알 수 있다. "만일 우리가 우리 죄를 자백하면 그는 미쁘시고 의로우사 우리 죄를 사하시며 우리를 모든 불의에서 깨끗하게 하실 것이요"(요일 1:9).

그러나 하나님을 열심히 추구하고 그분과 시간을 보내며 그분께 순종하고 우리 죄를 자백했는데도 하나님이 사라지신 것 같은 느낌이 들 때는 어떻게 해야 하나? 바로 그때 우리는 시편 기자처럼 울부짖을 수밖에 없다. "여호와여 어느 때까지니이까 나를 영원히 잊으시나이까"(시 13:1), "내 하나님이여 내 하나님이여 어찌 나를 버리셨나이까"(시 22:1). 이때 많은 사람들은 이렇게 의심한다. 나는 정말 하나님을 아는가?

하나님께서 침묵하시는 이 시기는 지금까지 다양하게 설명되어 왔다. 가장 친숙한 표현은 16세기 로마 가톨릭 신비주의자인 십자가의 성 요한(Saint John of the Cross)이 말한 '영혼의 어둠'이다. 그는 하나님께 버림받은 기분이 드는 이 시기에 대해 마음에 어둠이 가득하다고 표현했다. 한편 청교도들은 하나님께서 사라지신 듯한 이 시기를 '하나님의 끔찍한 철수'라고 불렀다. 그들은 하나님의 자녀에게 있어 최악의 경험은 하나님의 임재를 느끼지 못하는 것이라고 말했다.

성경에는 하나님의 부재를 경험한 사람들의 이야기가 나온다. 욥은 모든 것을 잃은 뒤에 하나님께 그 이유를 물었다. 욥기 30장 15-22절을 읽어 보자. 거기서 욥은 왜 모든 것을 가져가셨냐고 하나님께 질문하지 않는다. 그는 자신을 왜 떠나셨는지 질문한다. 욥은 무엇보다 하나님의 부재를 절감한 것이다.

이런 어두운 밤을 보낼 때 그리스도인들은 하나님께 버림받았고 느낀다. 그리고 자신의 구원을 의심하게 된다. 그러나 어둠의 시기라고 해서 하나님과의 관계를 의심할 필요는 없다. 오히려 이 시기에 우리는 그 반대의 결과를 얻을 수 있다. 하나님이 사라진 듯한 고통은 오히려 하나님과의 관계를 확신시켜 주는 기분 좋은 아픔이 되기 때문이다.

아프다는 게 위안이 되다

내가 신학교에 다닐 때 아내는 어린 두 아이들을 데리고 몇 시간 떨어진 곳에 계시는 장모님 댁에 가서 주말을 보냈다. 나는 학교 때문에 같이 가지는 못했다. 아내와 아이들이 떠나고 혼자 남은 첫날은 언제나 즐겁다. 보통은 친구들과 저녁을 먹고 영화를 본다. 몇 시간 동안은 책임에서 벗어났다는 안도감에 기분이 좋다.

그러나 다음 날 아침, 조용한 집에서 혼자 일어나기란 정말 힘든 일이다. 종종걸음으로 달려오는 아이들의 발소리와 아내의 재잘거리는 소리가 몹시 그립다. 게이브와 네이트가 스타워즈 인형을 가지고 장난치는 소리에 잠을 깨는 것도 그립다. 아침을 먹으러 내려오라는 아내의 목소리와 온 집을 가득 채우는 신선한 커피향도 그립다. 가족들과의 관계가 집을 편안한 장소로 만드는 것이다. 가족들과의 관계가 사라지면 집은 싸늘한 수용소처럼 느껴진다.

아내와 아이들 없이 혼자 있는 건 지금도 싫다. 요즘에는 가족과

따로 여행하는 일도 드물다. 행여나 떨어지게 되면 말도 못하게 그립다. 하루라도 가족과 떨어지게 되면, 가족과 함께 있어야 사라지는 아픔이 시작된다.

그러나 가족과 떨어져 극심한 슬픔을 느낀다고 해서 나와 그들의 관계가 사라진 건 아니다. 오히려 그 반대다. 슬픔이 관계를 더욱 확증하는 것이다. 가족과 떨어졌는데도 그들을 그리워하지 않고 가족에게 돌아갈 때까지 마음이 아프지도 않다면, 나는 그들을 마음 쓰지 않는다는 뜻이다. 어쩌면 그들을 사랑하지 않는다는 의미도 될지 모르겠다.

따라서 가족과 떨어져 있을 때 느끼는 아픔은 그들을 향한 나의 사랑을 확증한다. 즉, 가족에 대한 나의 사랑을 증명하는 달콤한 아픔이다. 그 아픔은 나에게 가족이 얼마나 소중한지 상기시킨다. 옛말은 하나 틀린 게 없다. 떨어뜨려 놓을수록 더욱 정이 든다. 하나님과의 관계도 그런 것 같다.

성경에는 그분의 백성에게 침묵하시는 하나님의 이야기가 많이 나온다. 이미 언급한 욥의 경우도 있고, 수많은 탄식의 시편을 봐도 그렇다.[1]

시편 42편을 보면, 시편 기자는 자신이 영적으로 지치고 메말랐다며 하나님께 부르짖는다. 그는 오직 하나님만이 자신에게 필요한 안식을 주시며, 메마른 마음에 물을 채우신다는 사실을 알았다. 그래서 영적으로 절박한 그 순간에 그는 하나님께로 향했다. 그러나 하나님은 여전히 멀리 계신 것 같았다. 그는 더욱 애통했다. 마치 하나님이 등을 돌리신 것 같았다. 그는 이렇게 울부짖었다. "내가 어느 때에 나아가서 하나님의 얼굴을 뵈올까?"(2절)

그는 하나님께서 사라지신 이유를 이해할 수 없었다. 그는 하나님께 버림받고 홀로 남은 기분이 들었다.

"사람들이 종일 내게 하는 말이 네 하나님이 어디 있느뇨 하오니 내 눈물이 주야로 내 음식이 되었도다"(3절).

그는 슬픔 속에서 과거를 회상한다.

"내가 전에 성일을 지키는 무리와 동행하여 기쁨과 감사의 소리를 내며 그들을 하나님의 집으로 인도하였더니 이제 이 일을 기억하고 내 마음이 상하는도다"(4절).

그는 하나님께서 가까이 계셨던 때를 회상했다. 하나님의 임재가 강하게 느껴지던 때를 떠올렸다. 그는 하나님을 다시 경험하고 싶었다. 하나님께서 가까이 계심을 느끼고 싶었다. 그는 하나님께서 왜 침묵하시는지 도저히 알 수 없었다. 자신이 하나님으로부터 완전히 잊혀진 느낌이었다.

"내 반석이신 하나님께 말하기를 어찌하여 나를 잊으셨나이까 내가 어찌하여 원수의 압제로 말미암아 슬프게 다니나이까 하리로다"
(9절).

이 시편이 흥미로운 것은 시편 기자가 하나님의 부재를 경험하는 고통 속에서도 하나님과의 관계를 의심하지 않았다는 사실이다. 그는 자신이 하나님을 아는지도 의심하지 않았다. 그는 비록 거리감을 느꼈지만 여전히 하나님을 "나의 구원, 나의 하나님"으로 불렀다(5, 6, 11절 참조). 그리고 하나님을 향한 굶주림과 소망을 점점 더 키워 나갔다.

어떻게 이럴 수 있을까? 하나님께 철저히 무시당하는 듯한 시기에 그는 어떻게 하나님과의 관계를 확신했을까? 비결은 무엇일까?

그는 자신이 하나님과 아무 관계도 아니라면, 그렇게 아프지 않으리란 것을 알았다. 그 아픔은 자신이 하나님께 속했다는 사실을 더욱 확신하게 했다. 성령님이 자기 안에 살아 계시고, 하나님을 더욱 갈망하게 하신다고 확신할 수 있었다. 그 아픔은 하나님을 향한 사랑을 더욱 확증했다. 의심의 단서가 아니었다.

따라서 하나님의 부재로 인한 고통은 하나님에 대한 우리의 사랑을 되살리고 새롭게 한다. 그 고통은 하나님이 당신을 버리셨다거나, 당신이 하나님과 아무 관계가 아니라는 뜻이 아니다. 당신이 하나님을 얼마나 사랑하고 원하며 필요로 하는지 보여 주는 것이다. 이렇게 생각하라. 우리가 하나님을 모른다면 하나님 때문에 마음이 아프지 않을 것이다.

하나님께서 우리를 떠나신 것처럼 느껴지는 이 시간은 사실 그분의 자비에서 비롯되는 은혜로운 시간이다. 하나님께서 멀리 계시면 우리는 그분을 더 갈망하고 더 부르짖으며 전보다 더 깊이 그분을 찾게 된다. 심리학자인 래리 크랩(Larry Crabb)은 이렇게 말했다. "하나님은 그분을 알고자 하는 우리의 열정이 그 어떤 열정보다 크기 원하신다."

크랩은 우리 안에 하나님을 향한 열정을 키우는 데는 오랜 시간이 걸린다고 말한다. 그러나 하나님께서 끊임없이 노력하신다고 설명한다. 우리를 사랑하시는 하나님은 우리에게 최고를 주기 원하시기에 끝까지 포기하지 않으신다.[2]

그렇다면 무엇이 우리에게 가장 좋은 것일까? 바로 하나님이다. 청교도들은 이렇게 말했다. "버림받는 것은 하나님의 사랑이 중단되었다는 뜻이 아니다. 그것은 오히려 하나님의 사랑에서 나온 행위이다."[3]

어둠의 시기에 배우는 신뢰

결국은 당신이 하나님을 신뢰하느냐의 문제다. 시편 42편에서 시편 기자는 자신이 지나온 어두운 골짜기를 기억하고 삶을 돌아보면서, 하나님이 자신을 결코 떠나신 적 없음을 깨달았다.

"내 하나님이여 내 영혼이 내 속에서 낙심이 되므로 내가 요단 땅과 헤르몬과 미살 산에서 주를 기억하나이다"(시 42:6).

시편 23편의 저자 다윗도 하나님을 신뢰했다.

"내가 사망의 음침한 골짜기로 다닐지라도 해를 두려워하지 않을 것은 주께서 나와 함께 하심이라 주의 지팡이와 막대기가 나를 안위하시나이다"(4절).

아무리 상황이 어둡고 하나님이 멀리 계신 듯해도, 그분은 언제나 우리를 위한 최선을 염두에 두신다. 물론 이 사실을 믿는 데는 하나님을 향한 신뢰가 필요하다.

신앙생활을 아무리 잘해도 우리가 원하는 대로 상황이 흘러가지 않을 수 있다. 사랑하는 가족이 죽고, 질병으로 친구를 잃고, 10대 자녀가 반항하고, 배우자가 떠나고, 투자에 실패하는 일이 벌어진다. 그러나 이 모든 일에도 불구하고 하나님은 선하시며 우리를 위해 모든 일을 하신다는 신뢰를 잃지 않아야 한다.

C. S. 루이스는 하나님을 신뢰하는 것이란 해변을 걸으며 바다를 바라보는 것과 같다고 했다. 볼 수 없는 것이 보이는 것보다 훨씬

많다는 뜻이다. 당신이 하나님께서 하시는 일을 이해하느냐 못 하느냐와 상관없이 그분은 신뢰할 만한 분이다. 이것을 믿지 못하면 영혼의 어두운 밤이 찾아왔을 때 모든 걸 포기하게 된다. 믿음은 하나님의 흔적을 찾을 수 없을 때에도 그분을 신뢰하는 것이다. 무슨 일이 일어나도 하나님이 내 편이라고 믿는 것이다.

나도 하나님이 사라진 듯한 경험을 한 적이 있다. 매우 고통스럽고 혼란스러웠다. 하나님의 임재가 몹시 그리웠지만 아무리 노력해도 하나님은 계속 숨으신 듯했다. 나는 절망 속에서 욥처럼 부르짖었다. 나를 떠나신 이유가 무엇인지 설명해 달라고 하나님께 외쳤다. 그러던 중 밤에 차를 운전하던 나는 라디오에서 설교를 듣게 되었다. 설교자는 마지막에 이렇게 말했다. "죽을 때까지 갈등과 혼란이 없다면 평생 신뢰도 없을 것이다. 설명을 구하는 것은 신뢰하지 못하기 때문이다."

나는 차를 세우고 울었다. 시편 42편에서 시편 기자가 했던 것처럼 내 삶에서 하나님이 하신 일들을 기억해 냈다. 하나님께서 세상을 창조하시기 전부터 나를 택하시고 하나님과의 영원한 관계로 이끄신 것이 생각났다. 주님은 내게 건강한 신체, 성실한 아내, 귀여운 세 아이들로 축복하셨다. 부자인 적은 없지만, 모든 물질적인 필요를 채워 주셨다. 무엇보다 예수 그리스도의 복음을 전하는 놀라운 특권을 주셨다.

나는 울음을 멈출 수가 없었다. 그때 하나님이 내 귀에 이렇게 속

삭이시는 듯했다. "나를 신뢰하느냐? 내가 너를 실망시킨 적이 있더냐? 내 타이밍은 언제나 완벽했던 것 기억하지? 나를 신뢰하렴. 너를 사랑한다. 너를 사랑하기에 내 아들을 보내서 네 죄를 위해 십자가에서 죽게 한 거야. 너를 입양해서 영원히 내 가족으로 삼으려고 말이야." 하나님이 나를 결코 떠나신 적이 없다고 말씀하신 그날 밤을 생각하니 또다시 눈물이 난다.

하나님을 신뢰하라. 예수님은 당신과 영원히 함께하며, 절대로 당신을 떠나거나 버리지 않겠다고 약속하셨다. 하나님의 임재를 항상 느끼지는 못하겠지만 그분은 언제나 함께 계신다. 분명히 하나님께서 약속하셨다. 당신이 어떻게 느끼든 하나님은 당신이 생각하는 것보다 훨씬 가까이 계신다.

하나님을 기다림

모든 것이 빠르게 움직이고 이동성과 기술을 중시하는 세상에서 가장 힘든 일을 말하자면 "여호와 앞에 잠잠하고 참고 기다리"는 일이다(시 37:7). 예를 멀리서 찾을 필요도 없다. 우리의 모습을 보자. 우리는 지금 당장 모든 것을 원한다. 편안함과 편리함과 안도감을 당장 원한다. 나 역시 전자레인지 속 팝콘이 모두 튀겨질 때까지 참고 기다리는 성격이 못 된다.

하나님이 숨으셔서 우리의 영혼이 어두운 밤으로 변하면, 모든 순간이 고통스럽다. 그 외로움과 고통은 며칠, 몇 주, 심지어 몇 개월까지 간다. 그러나 하나님은 언제나 돌아오신다. 언제나 시간을 정확히 지키신다.

"내가 여호와를 기다리고 기다렸더니 귀를 기울이사 나의 부르짖음을 들으셨도다 나를 기가 막힐 웅덩이와 수렁에서 끌어올리시고 내 발을 반석 위에 두사 내 걸음을 견고하게 하셨도다 새 노래 곧 우리 하나님께 올릴 찬송을 내 입에 두셨으니 많은 사람이 보고 두려워하여 여호와를 의지하리로다"(시 40:1-3).

로버트 글로버(Robert Glover)는 잉글랜드 출신의 헌신된 그리스도인이었다. 1555년에 그는 국가가 승인한 교리를 부인한 혐의로 체포된 후 이단으로 몰려 화형을 선고 받았다. 그런데 처형을 며칠 앞두고 그는 갑자기 하나님이 사라지셨다는 끔찍한 느낌을 받았다. 그는 하나님이 자기 영혼을 버리셨다고 두려워하며 절망에 빠졌다. 그때 친구 오스틴이 감옥에 찾아왔다. 오스틴은 참고 하나님을 기다리라며 그를 격려했다. 그는 모든 일이 끝나기 전에 하나님이 돌아오실 거라며 로버트를 위로했다.

죽기 전 날, 로버트는 대부분의 시간을 기도로 보냈다. 그러나 여전히 하나님의 임재나 평안을 느끼지 못했다. 그런데 화형 당하는 바로 그날, 로버트는 하나님의 임재를 어느 때보다 분명하게 느꼈다. 로버트는 손뼉 치며 기뻐하면서 외쳤다. "오스틴, 그분이 오셨어! 하나님이 돌아오셨어!"

하나님의 임재가 사라진듯 당신의 세계가 영적으로 어두운 밤 같이 느껴지더라도 참고 그분을 신뢰하라. 하나님은 돌아오신다. 그리고 하나님의 영원한 사랑과 함께 그분은 당신을 결코 떠난 적 없다는 사실을 알려 주실 것이다.

그렇다. 자녀를 향한 하나님의 사랑은 영원하다. 나는 당신이 하나님을 알고 그분과 영원히 함께할 수 있음을 알게 되기를 소망한다. 당신이 하나님의 참된 자녀라면, 하나님은 당신이 매일의 삶에서 그것을 확신하기 바라신다.

PART 5

하나님, 더욱 알기 원합니다

새 하늘과 새 땅을 바라보며
스스로 하는 질문

DO I KNOW GOD?

아슬란이 올 때 악은 선이 되며,
그의 울음소리에 슬픔은 사라지고,
그가 이를 드러내면 겨울은 죽음을 맞고,
그가 갈기를 흔들 때 봄은 다시 찾아오리라.
_ C. S. 루이스(C. S. Lewis)

11

DO I KNOW GOD?

그리스도인을 기다리는
최고의 결과

C. S. 루이스는 그의 책 『고통의 문제 *The Problem of Pain*』에서 이렇게 설명한다.

> 우리가 천국을 갈망하지 않는다고 생각했던 때도 있었다. 그러나 나는 천국 아닌 다른 것을 우리가 갈망한 적이 있는지 그것이 더욱 의심스러웠다. 각 사람의 영혼에는 표현할 수도 만족시킬 수도 없는 욕구가 있다. 우리가 배우자를 만나거나 친구를 사귀거나 직업을 선택하기 전부터 갈망했던 것이다. 그 욕구는 우리가 죽어서 아내와 친구와 직업을 기억하지 못할 때도 여전히 존재한다. 당신이 평생 동안 얻을 수 없던 환희가 당신의 의식 너머에 있다. 마침내 그 환희를 발견할 날이 올 것이다.[1)]

루이스는 아내 조이를 앞세운 뒤 이 글을 적었다. 그는 하나님을 아는 모든 사람이 가진 소망을 지적했다. 하나님이 우리의 깊은 갈망을 만족시키고, 모든 꿈을 성취하실 날이 올 것이다. 하나님이 우리의 모든 눈물을 닦고 모든 절망을 끝내실 것이다. 톨킨(J. R. R. Tolkien)의 말처럼 하나님은 "모든 슬픔을 거짓으로" 바꾸신다. 모든 악을 바로잡고 모든 불의를 고치신다.

하나님을 아는 우리는 죄도 없고 병도 없고 실패도 없고 고통도 없고 죽음도 없는 곳에서 영원히 일하고 즐기고 예배하며 살 것이다. 이 세상이 우리 주 여호와와 그리스도의 나라가 되며 우리는 영원히 그분과 다스릴 것이다(계 11:15 참조).

우리와 영원한 관계를 맺으실 때 하나님은 우리가 그분과 영원히 거할 거라는 확신을 주신다. 지금까지 우리는 이 세상에서 그 확신을 어떻게 가질 수 있는지 살펴보았다. 그런데 과연 하나님과의 관계에 대한 확신은 우리를 어디로 인도하는 것일까? 하나님을 아는 것은 우리에게 어떤 미래를 약속할까? 하나님을 진실로 아버지라 부르는 사람들을 위해 하나님께서 계획하신 일은 무엇인가? 그리스도인은 미래에 대해 어떤 희망을 품어야 할까? 이 땅에서 하나님과의 관계에 확신을 찾는 우리의 여정은 지금 가장 중요한 지점에 이르렀다.

J. C. 라일은 이렇게 말했다. "모든 것의 가치가 뒤바뀔 날이 올 것이다."

지폐가 종이 쪼가리처럼 쓸모없어지고, 금의 가치가 먼지와도 같아질 날이 온다. 과거에 그토록 열망했던 것에 관심을 잃고 사람들은 더 이상 무엇도 바라지 않게 된다. 거대한 저택과 궁전은 '손으로 만들지 않은 집'에 대한 열망 속에 잊히고, 부자와 권력자로부터 받는 은혜는 전혀 기억나지 않는다. 우리는 만왕의 왕이 베푸실 은혜만을 갈망할 것이다. 그리스도의 의로움이라는 옷 앞에서 실크, 공단, 벨벳, 레이스는 눈에 들어오지 않을 것이다. 주님이 다시 오실 위대한 날에는 모든 것이 달라진다.[2]

정중하게 한 번 더 질문하겠다. 당신은 하나님을 아는가?

완전함을 잃은 세상

아버지께서 예순일곱이란 연세에 두 번째 심장 수술을 받으셨다. 첫 번째 수술을 받은 지 4년 만이다. 의사들은 판막 일부가 제대로 작동하지 않는다며 손상된 부분을 고치거나 판막을 교체해야 한다고 말했다. 요즘은 심장 수술이 흔하긴 하지만, 그래도 아버지의 수술은 예상보다 오래 걸렸다. 담당 의사는 수술은 잘 끝났지만, 심장이 생각보다 더 상태가 좋지 않았다며 앞으로 길어야 10년이라고 말했다.

아무 생각이 나지 않았다. 우리 아버지도 언젠가 돌아가신다는 충격적인 사실과 처음으로 직면한 순간이었다. 10년이라니 너무

짧았다. 나는 아버지를 잃게 된다는 생각에 마음이 무너졌다. 아버지는 내게 있어 최고의 친구이자 현명한 조언자다. 지난 15년간 중요한 결정을 내릴 때 나는 반드시 아버지의 충고를 귀담아들었다. 아버지는 내 열렬한 팬이기도 하다. 아버지만큼 나를 격려해 주는 사람도 없다.

아버지 없이 남은 생을 살게 될 걸 생각하니 벌써부터 마음이 괴롭다. 나는 아버지가 돌아가실 때의 상실감을 상상도 할 수 없다. 그러나 이번 일을 통해 우리의 삶과 이 세상은 원래 의도와는 전혀 다른 모습임을 깨달았다. 우리가 사는 세상은 인류가 죄를 짓기 전 하나님께서 창조하신 처음의 완벽한 모습이 아니다. 심장 질환, 고통스러운 회복, 죽음, 관계의 분리 등은 이 세계는 무언가 온전하지 않다고 일깨워 준다.

록 밴드 스위치풋(Switchfoot)의 '행복이란 여피족의 단어(Happy Is a Yuppie Word)'라는 노래에는 이런 가사가 나온다. "아무것도 완전하지 않다. 무엇도 완전히 옳지 않다." 그렇다. 모든 것이 온전한 상태가 아니라고 우리의 본능은 외친다. 모든 것이 본래 목적과 다르다. 모든 것에 재조정과 재정렬이 필요하다. 종교 및 정치적 신념과 상관없이 모든 사람은 이 세상이 불완전하며 세상에 불의, 공포, 거짓, 교만, 상실, 폭력, 탐욕, 욕망, 질병, 재앙이 가득하다는 데 동의한다.

미국 남부 해안을 강타한 허리케인 카트리나가 남긴 끔찍한 흔적을 텔레비전에서 보았다. 나는 말이 나오지 않았다. 카트리나로 인해 수천 명이 죽은 것으로 추정되었다. 수만 명은 집을 잃었다. 그들은 물, 얼음, 우유, 달걀, 빵, 전기, 전화, 옷, 교통수단까지 모두 잃었다. 텔레비전에 나온 한 여성은 열두 살 난 아들을 잃어버렸다고 울면서 말했다. 또 다른 열 살 소년은 부모와 형제들을 모두 잃었다. 수천 명이 그동안 열심히 모았을 재산을 전부 잃었다.

허리케인이 남긴 참상도 끔찍하지만 인간의 악함과 잔인함은 더욱 심각하다. 수천 명이 뉴올리언스 컨벤션센터와 슈퍼돔에 수용되었다. 혼란과 절박함 속에서 어떤 사람들은 서로 충돌했다. 싸우고 총을 쏘고 여성들을 겁탈하고 강도로 돌변했다. 일부 지역에서는 요양보호사들이 노인들을 무시하고 그냥 죽게 내버려 두었다. 어떤 사람들은 동네 상점을 약탈했다.

정치인들은 일을 해결하기보다 서로 손가락질을 하며 비난하기에 바빴다. 종교 지도자들, 활동가들, 법조인들도 일을 엉망으로 처리한다며 서로를 열심히 깎아내렸다.

그 하룻밤 사이에 허리케인 하나가 지나갔고 세상은 추한 본모습을 여실히 드러냈다. 앨버트 월터스(Albert Wolters)는 말했다. "잘못된 것이 존재하는 세상을 보거나, 비규범적이고 사악하고 왜곡되며 역겨운 일을 겪을 때 우리는 하나님의 선한 창조가 얼마나 타락했는지 알 수 있다."[3)]

이러한 타락은 에덴동산에서부터 시작되었다. 아담과 하와의 불순종은 하나님의 선한 창조 세계를 재앙으로 몰아넣는 우주적인 배반 행위였다. 인간의 반항은 하나님이 창조하신 모든 것을 타락시켰다. 인간뿐만이 아니다. 자연과 사회 모두가 타락했다.

창세기 3장을 보면, 인간의 타락이 모든 자연에 부조화를 가져왔음을 알 수 있다. 세상은 생물들이 살기에 위험한 곳이 되었다.

> "피조물이 허무한 데 굴복하는 것은 자기 뜻이 아니요 오직 굴복하게 하시는 이로 말미암음이라 그 바라는 것은 피조물도 썩어짐의 종 노릇 한 데서 해방되어 하나님의 자녀들의 영광의 자유에 이르는 것이니라"(롬 8:20, 21).

인간의 죄만 없었다면 자연은 위험과 혼란과 재앙과 죽음으로부터 완전히 자유로웠을 것이다.

뿐만 아니라 죄는 인간 사회에도 분명한 영향을 끼쳤다. 존 스토트의 말이다.

> 문명사회에서 우리가 당연시하는 많은 것은 인간의 죄를 바탕으로 한다. 우리는 약속만으로 충분하지 않다. 계약이 필요하다. 문으로 충분하지 않아서 자물쇠를 채운다. 법과 질서로 충분하지 않아서 그것을 집행할 경찰이 필요하다. 이 모두가 인간의 죄 때문이다. 우리는 서로를 신뢰할 수 없다. 서로로부터 보호가 필요하다.[4)]

죄 때문에 우리를 둘러싼 모든 것이 부패하고 죽어 가며 끝을 향해 가고 있다. 만일 무신론자들의 말이 사실이라면, 타락한 이 세상이 전부라면 어떻게 하겠는가? 사도 바울은 말했다. "만일 그리스도 안에서 우리가 바라는 것이 다만 이 세상의 삶뿐이면 모든 사람 가운데 우리가 더욱 불쌍한 자이리라"(고전 15:19). 이 세상이 우리에게 주어진 전부이고, 우리가 새로운 세상을 기대할 수 없다면 그리스도인이야말로 비참한 인생이다.

그러나 성경은 더 나은 세상의 소망이 그리스도인에게 있다고 말한다. 우리를 위한 곳을 예비하기 위해 떠나신 예수님은 언젠가 돌아와서 우리를 그곳으로 인도하겠다고 말씀하셨다. 예수님께서 하나님을 아는 사람들을 위해 준비하신 곳은 어디일까?

천국은 끝이 아니다

어린 시절, 나는 천국에 가는 것보다 지옥을 피하는 일에 더욱 흥미가 있었다. 성경이 지옥을 고통과 비극의 장소로 말했기 때문에 나는 절대 지옥에 가고 싶지 않았다. 그러나 천국은 솔직히 따분해 보였다. 나는 천국이란 길고 지루한 예배를 드리는 곳으로 생각했다. 매일 하루 종일, 그것도 영원히 찬송가를 부르고 기도하고 설교를 들어야 하는 것일까? 이런 생각을 하니 오히려 천국이 더 지옥처럼 느껴졌다.

내가 어릴 때 하나님을 따르지 않겠다고 결심한 이유로는 여러 가지가 있다. 그 가운데 하나는 천국보다 이 세상이 훨씬 재미있어 보였기 때문이다. 내 말을 잘 이해하기 바란다. 나는 이 세상이 천국보다 재미있어 보이긴 했지만, 절대 지옥에는 가고 싶지 않았다. 천국이 아무리 지루하다고 해도 지옥은 그보다 훨씬 끔찍하리라는 것을 잘 알았다.

나는 양쪽 세상에서 좋은 것만 취하고 싶었다. 세상에 나가서 마음껏 즐기고 이만하면 충분하다 싶을 때쯤 하나님께 돌아오면 죽더라도 지옥에는 안 갈 거라 생각했다. 그러나 나는 천국을 완전히 오해하고 있었다. 그리고 내 생각과 달리 천국은 하나님을 아는 사람들을 위한 최종 목적지가 아니었다.

갑자기 무슨 소리인가 싶겠지만, 사실이다. 당신이 하나님을 안다면 천국은 당신의 최종 목적지가 아니다. 나를 이단이라고 몰아세우기 전에 얼른 그 이유를 밝히겠다. 하나님을 아는 사람은 천국에 가기로 되어 있다. 그러나 그곳은 우리의 최종 목적지가 아니다. 내 말을 잘 듣기 바란다.

당신이 죽으면 몸(물리적인 부분)은 흙이 되지만 영혼(비물리적인 부분)은 주님과 함께 거한다. 예수님은 자신의 옆에서 십자가에 달린 강도에게 말씀하실 때 이 사실을 분명히 하셨다. "오늘 네가 나와 함께 낙원에 있으리라"(눅 23:43). 고린도전서 15장에서도 바울은 우리 몸이 없어질지라도 우리는 또한 주님과 함께 있을 거라고 말했다.

천국은 죽은 뒤에 우리 영혼이 가는 곳이다. 우리는 육체 없는 영으로 최후 부활을 기다리며 그곳에서 살아간다. 다시 말해 천국은 우리의 임시 거처다.

분명 천국은 우리가 사는 지구보다 훨씬 낫다. 무엇보다 천국에는 하나님이 계신다. 그리고 천사들도 있다. 반면 죄와 고통과 유혹과 스트레스는 없다. 그러나 당신이 믿든지 말든지 하나님은 우리를 위해 더 좋은 계획을 갖고 계신다. 천국은 단지 최후 부활을 기다리며 우리가 일시적으로 머무는 곳이다.

그렇다면 최후 부활은 무엇인가?

언젠가 예수님이 세상에 다시 오시면 하나님을 아는 모든 사람은 새로운 몸을 얻는다. 천국에 머물던 육체 없는 영혼도 마찬가지다. 그때 하나님은 죄 없는 우리의 영을 완전하고 죄 없는 몸으로 옮기실 것이다. 그리고 우리를 함께 최종 목적지로 들여보내실 것이다.

하나님을 아는 사람들의 최종 목적지가 천국이 아니라면 과연 그곳은 어디일까? 이제 새 하늘과 새 땅에 대해 설명해 보겠다.

새로운 세상에서 새로운 몸으로

사도 베드로는 말했다. "우리는 그의 약속대로 의가 있는 곳인 새 하늘과 새 땅을 바라보도다"(벧후 3:13). 사도 요한은 새 하늘과 새 땅에 대해 이렇게 설명했다.

"또 내가 새 하늘과 새 땅을 보니 처음 하늘과 처음 땅이 없어졌고 바다도 다시 있지 않더라 또 내가 보매 거룩한 성 새 예루살렘이 하나님께로부터 하늘에서 내려오니 그 준비한 것이 신부가 남편을 위하여 단장한 것 같더라 내가 들으니 보좌에서 큰 음성이 나서 이르되 보라 하나님의 장막이 사람들과 함께 있으매 하나님이 그들과 함께 계시리니 그들은 하나님의 백성이 되고 하나님은 친히 그들과 함께 계셔서"(계 21:1-3).

이 구절은 하나님의 모든 자녀들이 언젠가는 새롭고 죄가 없는 실존하는 세상에서 새롭고 죄가 없이 실존하는 몸으로 살게 된다는 뜻이다.

또 다른 증거가 필요한가? 그리스도의 부활을 보자. "예수의 부활은 하나님의 구원과 갱생과 부활 사역의 시작일 뿐이며, 최종 결말은 전 우주의 회복이다." K. 스콧 올리펀트(K. Scott Oliphant)와 싱클레어 퍼거슨(Sinclair Ferguson)의 말이다.[5] 존 스토트는 예수의 육신의 부활을 두고 "구속과 변화가 필요한 물질적 질서의 처음 일부이며, 언젠가 나머지를 모두 구속하고 변화시키겠다는 신의 서약이다"라고 말했다.[6]

성경에서는 예수님을 추수의 첫 열매이자 죽은 자들의 첫 열매라고 기록한다. 그러면서 그리스도가 가장 먼저 일어나시고 언젠가는 모든 백성이 그를 따를 것이라고 했다(롬 8:29; 고전 15:20, 23; 골 1:18;

계 1:5 참조). 사도신경을 보자. "몸이 다시 사는 것을 믿사오며"라는 부분이 바로 이 내용을 가리키고 있다. 그리스도께서 돌아오셔서 우리의 죄 없는 영혼을 새롭고 죄 없는 몸에 집어 넣으실 때 우리는 완벽한 몸으로 영원히 살게 된다. 그것을 믿는다고 우리는 고백하는 것이다.

온전하고 죄 없는 새로운 몸은 과연 어떤 모습일까? 성경에 구체적인 설명은 없지만 바울은 우리 몸이 그리스도의 부활한 몸과 같을 것이라고 했다(빌 3:21 참조). 그 몸은 썩지 않고 영광스러우며 강력할 것이다(고전 15:42-44 참조). 새로운 몸을 가진 우리는 현재의 몸으로는 할 수 없는 많은 일을 할 수 있다. 꿈에서도 생각하지 못한 놀랍고 큰 능력을 소유하게 된다.

그리고 감히 확신하건대 또한 우리는 자신에게 가장 맞는 모습을 가질 것이다. 현재 자신의 몸과 외모에 불만을 하나도 가지지 않은 사람이 누가 있겠는가? 그러나 바울은 우리의 온전하신 하나님이 각 자녀에게 온전한 몸을 주신다고 말했다(고전 15:38 참조).

그리스도의 부활은 완벽하고 새로우며 질병 없는 몸과 함께 새롭고 죄 없는 세상이 기다리고 있음을 보장한다. 예수님은 세상에 다시 오실 때 죽은 자들을 일으킬 뿐 아니라 온 우주를 치유하고 회복하겠다 말씀하셨다(마 19:28 참조). 즉, 예수님께서 만물을 새롭게 만드실 것이다(계 21:5 참조).

그 새로운 세계에서 우리는 지금까지 본 적 없는 색깔과 춤을 추는 나무들, 완전히 새로운 장소를 볼 수 있다. 동시에 우리가 이제껏 본 것들과 우리가 머물렀던 장소들을 재발견하게 된다. "온갖 종류의 새로운 사람들을 만나고 새로운 장소를 보게 될 것이다." 랜디 알콘(Randy Alcorn)의 말이다. "낯익은 사람들과 장소도 볼 수 있을 것이다. 우리가 사랑하는 부활한 지구에서 우리가 사랑하는 부활한 사람들과 함께 지낼 것이기 때문이다."[7]

하나님이 새 하늘과 새 땅을 창조하시면 현재의 지구는 어떻게 될까? 일부 성경학자들은 베드로후서 3장 7절과 누가복음 21장 33절을 풀이하면서 하나님이 현 세계를 파괴하신 뒤에 아예 처음부터 세상을 다시 시작하실 거라고 말한다. 그러나 성경은 피조물이 궁극적인 구속과 새 생명을 기다린다고 말한다.

> "피조물이 고대하는 바는 하나님의 아들들이 나타나는 것이니 피조물이 허무한 데 굴복하는 것은 자기 뜻이 아니요 오직 굴복하게 하시는 이로 말미암음이라 그 바라는 것은 피조물도 썩어짐의 종 노릇 한 데서 해방되어 하나님의 자녀들의 영광의 자유에 이르는 것이니라"(롬 8:19-21).

하나님은 아예 처음부터 세상을 새로 만드시는 것이 아니다. 우리가 지금 있는 세상을 전면적으로 개조하신다. 지금 있는 모든 것을 파괴하시는 것이 아니라, 모든 타락과 깨어짐과 혼란을 파괴하신다. 불순하고 죄악이 가득한 것을 제거하신다.

하나님은 전에도 이런 일을 하셨다. 창세기 6-9장에 나오는 노아의 홍수 이야기를 기억하는가? 하나님은 홍수를 일으켜서 왜곡되고 사악한 모든 것을 휩쓸어 버리셨다. 그러나 모든 것이 완전히 사라지지는 않았다. 마찬가지로 새 하늘과 새 땅이 나타날 때 하나님은 지금의 세상을 완전히 없애지는 않을 것이다. 하나님은 이 땅을 새롭게 하고 회복시키고 부활시킬 것이다. 랜디 알콘은 이렇게 설명했다. "우리는 새로워졌으나 전과 똑같은 사람일 것이며, 새로워졌으나 전과 똑같은 지구에서 살 것이다."[8]

지금 우리는 C. S. 루이스가 말한 회색지대(the shadowlands)에 살고 있다. 이 땅의 모든 것은 앞으로 있을 모습의 희미한 투영이다. 하나님의 새로운 세상에서 우리는 죄와 깨어짐과 타락이 없음을 발견하게 될 것이다. 더 이상 죽음도 부패도 없다.

내가 좋아하는 장소를 우리 아버지 하나님이 어떻게 회복하실지 기대된다. 그랜드캐니언, 스위스 알프스, 사막의 일몰, 보석처럼 빛나는 별들이 가득한 밤하늘……. 이 모든 것을 하나님이 얼마나 멋지게 바꾸실지 내 머리로는 도저히 상상이 안 된다. 무엇보다도 내가 가장 보고 싶은 곳은 바다다.

나는 바다와 해변을 사랑한다. 플로리다의 따뜻한 물, 마음이 차분해지는 파도 소리, 부드러운 모래의 감촉, 살갗에 닿는 뜨거운 태양, 모든 것이 좋다. 우리 집은 해변에서 15분 거리에 있다. 우리

가족은 토요일에는 대부분 서핑을 하거나 해변에서 시간을 보낸다. 하나님이 새롭게 만드신 바다에서 아이들과 새로운 몸으로 서핑하는 기분은 어떨까? 빨리 경험해 보고 싶다. 하나님의 새로운 세계에서는 좀 더 온전한 태양과 좀 더 온전한 물과 서핑하기에 좀 더 좋은 파도가 나를 반길 것이다.

어머니의 태에 있는 아이처럼 하나님의 새로운 세계는 태어나기를 기다리고 있다. 임산부가 진통을 겪듯이 자연은 태풍, 허리케인, 홍수, 쓰나미, 화산 폭발 같은 고통으로 신음한다. "피조물이 다 이제까지 함께 탄식하며 함께 고통을 겪고 있는 것을 우리가 아느니라"(롬 8:22). 바울은 이렇게 말했으나 이러한 고통은 새로운 세계의 탄생을 약속한다. 놀라운 일이다!

나도 진통이 무엇인지 조금은 안다. 아내가 세 자녀를 낳을 때마다 나는 아내와 함께 분만실에 들어갔다. 아내의 고통을 보는 일은 몹시 괴로웠다. 그러나 아내는 괴로운 진통이 바로 새로운 생명을 부르는 약속이라고 말했다. 진통은 매우 힘들고 고통스럽지만 그럴만한 가치가 있다. 아름다운 아기의 기적적인 탄생이라는 귀한 결실을 선물하기 때문이다.

참으로 놀랍지 않은가? 우리는 하나님의 분만실에서 모든 피조물의 진통을 보면서 사는 것과 같다. 로마서 8장 20-23절에서 보듯 자연에서 일어나는 혼란과 재난은 언젠가 우리가 하나님 아버지와 영원히 함께 있을 새로운 세계의 탄생을 약속하는 진통이다.

새로운 세상에 새로운 몸으로 사는 것. 이것이 하나님을 아는 사람들의 최종 목적지이다.

그곳에 살기 원하네

테네시에 사는 웨스트라는 친구가 이런 이메일을 보내왔다.

> 오늘 우리 딸 애비가 처음으로 학교에 갔네. 수업을 마칠 때쯤 아이를 데리러 갔더니 교실 벽에 아이들이 만든 작품이 있더군. 다양한 얼굴 표정이 그려진 종이 접시마다 막대사탕이 붙어 있었는데, 애비의 접시에는 찡그린 얼굴이 있었지. 오늘 아침 우리는 아내의 배 속에 있는 아이가 주님께 갔다는 소식을 들었어. 큰 슬픔을 느끼네. 오늘 밤 우리 가족은 모두 눈물로 베개를 적실걸세.
>
> 하지만 이건 아니라는 생각이 드는군. 우리의 자아도 분명히 알고 있어. 우리 마음은 고통 가운데 큰 교훈을 얻지. 우리는 슬픔이 아니라 기쁨을, 죽음이 아니라 생명을 위해 창조되었어!
>
> 나는 소망 없는 사람들처럼 슬퍼하지 않고 하나님께 감사드릴 거야. "주신 이도 여호와시요 거두신 이도 여호와시오니 여호와의 이름이 찬송을 받으실지니이다"(욥 1:21).

나는 흐르는 눈물을 닦고 이렇게 답장을 보냈다.

사랑하는 웨스트,

친구, 사랑하네. 나도 흐르는 눈물을 멈출 수가 없군.

뭐라 해야 할지 모르겠네.

"찬양이 끊이지 않는 곳에 있기 원하네.

영광이 사라지지 않는 곳에 살기 원하네."

언젠가는 우리 모두 그곳에 갈 거야.

언젠가는…….[9]

당신은 하나님을 아는가? 아니라면 지금 하나님 아버지께서 당신을 그분의 가족으로 초청하신다. 그 초청을 받아들이면 당신은 그분께 입양된 자녀로서 새로운 세상에서 그분과 영원히 살 수 있다. 삶을 하나님께 의탁하고 예수 그리스도 앞에 무릎을 꿇으면 영원히 당신을 사랑하겠다고 하나님이 약속하셨다. 그 사실은 영원히 변하지 않는다.

그렇다. 당신도 하나님을 알 수 있다. 그리스도께서 우리 같은 죄인들을 위해 얻으신 유산을 하나님은 당신에게도 주신다. "하나님이 세상을 이처럼 사랑하사 독생자를 주셨으니 이는 그를 믿는 자마다 멸망하지 않고 영생을 얻게 하려 하심이라"(요 3:16).

블레즈 파스칼은 350년 전에 깨달았다.

"확실, 확실, 감지, 환희, 평화!"

DO I KNOW GOD?

**나는 하나님을 아는가
하나님도 나를 아는가**

DO I KNOW GOD?

너희는 믿음 안에 있는가 너희 자신을 시험하고
너희 자신을 확증하라(고후 13:5).
_ 사도 바울(Apostle Paul)

12

DO I KNOW GOD?

STUDY GUIDE

하나님과의 관계를 살피는 55가지 질문

PART 1
하나님, 제가 하나님을 아나요?

1. 세상의 거짓말, 하나님은 알 수 없어!

저자는 하나님을 알 수 있을지 고민하는 사람들을 매일 만난다고 말한다. 하나님이 우리가 알 수 있는 분이라면, 하나님과 관계를 맺는다는 말은 무슨 의미일까? 우리가 하나님을 알 때 얻는 결과를 생각하면 이 질문은 매우 중요하다.

요즘같이 불확실한 시대에는 하나님을 안다고 확신하는 일은 지나친 기대처럼 생각되기도 한다. 그러나 성경은 인간이 하나님을 알도록 창조되었다고 말한다. 우리는 하나님을 알 수 있으며 그 사실을 확신할 수 있다(벧후 1:10 참조).

1. 당신의 감정과 상태를 볼 때 당신은 하나님을 안다고 얼마나 확신하는가?

   ① 나는 하나님을 확실히 알며 그분을 아는 이유도 알고 있다.
   ② 나는 하나님을 안다고 상당히 확신하며 그렇다고 믿을 만한 이유도 있다.
   ③ 나는 하나님을 안다고 가끔 느끼지만, 종종 하나님을 모르는 것 같다.
   ④ 나는 사실이 아니기를 바라지만, 하나님을 모른다고 상당히 확신한다.
   ⑤ 나는 하나님을 모른다.

DO I KNOW GOD?

2. 하나님과의 관계를 확신하지 못하는 사람들이 있다. 그들은 왜 확신하지 못할까?

3. 롬 1:18-20, 딤후 3:16-17, 히 1:1-4를 읽는다. 이 구절을 볼 때 하나님의 계시는 어떤 형태로 나타나겠는가? 하나님의 계시에 연속성이 보이는가? 내가 하나님을 안다는 사실을 깨닫는 데 어떤 도움을 얻을 수 있을까?

4. 고린도후서 13장 5절을 읽는다. 그리고 책을 읽으면서 자신의 믿음을 점검하고 그것이 참인지 시험해 보기 바란다. 당신에게 믿음이 있는지 알기 위해 자신을 점검해 보라는 말을 어떻게 생각하는가?

5. 저자는 '나는 하나님을 아는가?' 라는 질문에 대답하기 위해 자신을 점검해 보라고 말한다. 스스로를 돌아보는 당신에게 하나님은 어떤 태도와 반응을 보이실까? 어떤 근거로 그렇게 대답할 수 있는가?

2 하나님을 정말로 안다는 것

누군가에 대해서 아는 것과 누군가를 아는 것은 다르다. 저자는 그 차이가 그랜드캐니언만큼이나 엄청나다고 말한다. 하나님을 알려면 죄와 분리의 계곡을 건너야 한다. 그 계곡을 건너는 일은 우리 힘으로는 절대 불가능하다.

감사하게도 예수 그리스도께서 그 건너는 다리가 되셨다. 그를 통해 죄인들은 하나님께 가까이 갈 수 있다. 죄인들은 이제 하늘 아버지의 가족으로, 아들과 딸로 입양된다. 그리스도 안에 있는 새로운 피조물로서 그리스도인들은 변함없는 하나님과의 안전한 관계(영원한 안전)를 누리며 그 정통성을 내적으로 확신한다(구원의 확신).

1. 저자는 '기독교의 최우선은 하나님과의 관계'라고 말했다. 당신이 정의하는 기독교 또한 같은가? 그렇지 않다면 당신의 생각은 어떤가?

2. 요 1:12-13, 롬 8:14-16, 갈 4:1-7을 읽는다. 당신이 하나님의 아들, 딸로 입양되었다는 사실을 이해하는 데 도움이 되는가?

DO I KNOW GOD?

3. 영원한 안전과 구원의 확신이 어떻게 다른지 설명해 보자.

4. 영원한 안전은 무엇에 근거하는가? 그리고 누구에게 의존하는가?
   롬 8:31-39; 빌 1:6; 벧전 1:3-50이나 다른 성경 구절을 참조하여 대답해도 좋다.

5. 저자는 당신이 하나님과 관계를 맺고 있다면, 스스로 그 사실을 알기를 하나님이 바라신다고 했다(요일 5:13 참조). 그리스도인이 구원의 확신을 깊이 경험할 때 어떤 유익을 누릴 수 있을까?

PART 2
저의 확신이 가짜면 어떡하죠?

3. 영접 기도 했으니 괜찮을까?

예수님 시대에도 주님을 안다고 생각했지만 사실은 그렇지 않은 사람들이 있었다(마 7:21-23 참조). 심지어 예수님은 이들의 수가 매우 많다고 하셨다. 무엇이 이토록 골치 아픈 착각을 만드는가?

저자는 두 가지를 원인으로 든다. 하나는 영접 기도를 하면 하나님과의 관계가 보장된다는 생각이며, 다른 하나는 예수 그리스도를 따르기로 한 순간을 기억하면 된다는 생각이다. 저자는 이렇게 말한다. "손을 들고 앞에 나가서 영접 기도를 따라하거나 오래전에 한 결단을 기억한다고 해서 하나님과 관계를 맺었다는 뜻은 아니다. 특히 그 기도나 결정으로 인한 변화의 증거가 삶에 보이지 않는다면 더욱 그렇다."

1. 이번 장에서 말하는 가짜 확신은 무엇인가?

2. 저자는 소위 그리스도인으로 불리는 사람들의 비기독교적인 행동이 신자들과 불신자들에게 혼란을 주는 원인이라고 지적한다. 그들의 그릇된 행동에 당신의 신앙생활도 영향을 받는가? 만약 그런 경험이 있다면 당신은 이 문제를 어떻게 다루었는가?

DO I KNOW GOD?

3. 예수님을 잘못 따른 사람들 가운데 가룟 유다가 있다. 마태복음 10장 1-4절을 보라. 가룟 유다는 어떤 영적 행동에 참여했는가? 마태복음 26장 20-25절을 보라. 예수님은 유다의 행동과 그 결과에 대해 어떻게 말씀하셨는가? 유다의 모순된 삶을 어떻게 설명할 수 있을까?

4. 당신이 영접 기도를 하거나 집회에서 앞으로 나온 것만으로 하나님과 관계를 맺었다고 확신할 수 있을까? 그 이유는?

5. 당신이 그리스도를 믿기로 결정한 때를 기억한다고 해서 하나님과 관계를 맺었고 확신할 수 있을까? 그 이유는?

4. 교회를 열심히 섬기면 괜찮을까?

우리는 종교적 열심을 통해 하나님께 가까이 가는 것처럼 생각한다. 그러나 성경은 그렇게 말하지 않는다. 종교와 영성은 하나님의 임재에 대한 갈급함을 채우기 위해 인간이 하는 노력이다. 그러나 우리는 예수 그리스도를 믿음으로써 하나님과 참된 관계를 누릴 때에만 영적인 갈급함을 채울 수 있다.

1. 사람들이 종교적 행동이나 영적인 태도로 하나님과 관계를 맺는다고 혼동하는 이유는 무엇일까?

2. 사람들이 뉴에이지나 다른 영적 형태로 하나님과 관계를 맺는다고 혼동하는 이유는 무엇일까?

DO I KNOW GOD?

3. 사도들은 교회 안에서 나타나는 근거 없는 종교심, 그리고 교회 밖에서 나타나는 허울뿐인 영성과 싸움을 벌였다. 사도행전 15장 1-11절과 17장 22-31절을 읽고 사람들이 착각하는 거짓말을 알아보자. 혹시 당신이 아는 사람들의 그릇된 믿음이 떠오르지는 않는가?

4. 하나님을 아는 방법에 대한 그릇된 생각들이 세상에 깊이 뿌리내린 이유는 무엇일까?

5. 당신의 경험으로 볼 때, 성경을 가르치고 성경대로 사는 교회도 이런 착각에 빠질 수 있을까? 왜 그렇게 생각하는가?

5. 선행을 많이 하면 괜찮을까?

클리프 씨 이야기를 보자. 그는 매우 친절한 신사였다. 그러나 하나님이 예수 그리스도 안에서 값없이 주시는 구원을 받아들이지 못했다.

이번 장에서 저자는 선한 행동으로 하나님께 인정받고 그분과의 관계를 누리려는 열심을 가진 사람들에 대해 이야기한다. 그러나 우리가 하나님과의 관계를 누리는 데 필요한 것들은 모두 그리스도께서 이미 십자가 위에서 이루셨다. 저자는 그리스도 안에 있는 구원의 믿음과 그 믿음에 수반되는 선한 행동의 관계를 설명한다.

1. 하나님을 알지 못하도록 클리프 씨를 가로막은 인간 본성의 약점은 무엇이라고 생각하는가?

2. 빌립보서 2장 12-13절을 보자. 성경은 우리가 하는 일과 하나님이 하시는 일에 대해 무엇이라 말하는가?

DO I KNOW GOD?

3. 저자가 이번 장에서 말한 두 가지 착각에 빠진 사람들을 본 적이 있는가?

4. 구원하는 믿음과 선한 행동의 관계는 무엇인가? 바울과 야고보가 말한 내용의 차이점을 설명해 보라(갈 2:15-16; 약 2:14-26 참조).

5. 선한 행동을 하는 당신의 동기가 무엇인지 솔직하게 답해 보자.

PART 3
하나님을 아는지 어떻게 아나요?

6. 하나님의 약속을 믿을 때

우리는 상대를 알고 신뢰하는 만큼 그가 하는 약속을 신뢰한다. 그렇다면 당신은 하나님을 얼마나 알고 신뢰하는가? 어느 조사에서 미국의 그리스도인은 하나님을 별로 알지 못한다는 결과가 나왔다. 저자는 이번 장에서 성경 말씀을 증거로 들면서 하나님은 독립적이고 불변하며 무한한 분이라고 말한다. 하나님의 흠 없는 성품을 볼 때 우리는 그분의 약속 또한 전적으로 신뢰할 수 있다.

1. 하나님의 성품은 그분을 얼마나 신뢰하게 하는가? 하나님의 어떤 특성이나 행동이 여전히 당신에게 의문을 남기는가?

2. 히브리서 11장에 나오는 하나님을 신뢰했던 영웅 중에 한 명을 골라 구약에서 그 내용을 찾아 읽어 보자. 그의 이야기가 당신이 하나님의 약속을 신뢰하는 데 영향을 주는가?

DO I KNOW GOD?

3. 관계에 대한 하나님의 약속은 예수 그리스도와 그리고 그분이 하신 일과 어떤 연관이 있는가? 하나님의 약속은 어떤 면에서 예수 그리스도에게 달렸는가?

4. 우리가 예수님이 십자가에서 하신 일을 믿을 때 하나님은 무엇으로부터 우리를 구원하겠다고 약속하시는가? 또한 무엇을 위해 우리를 구원하겠다고 약속하시는가?

5. 하나님의 성품을 신뢰하는가? 그분의 약속을 신뢰하는가? 이유는 무엇인가?

7. 마음과 생각을 점검할 때

이번 장에서 저자는 '우리가 하나님을 열정적으로 추구할 때 삶에서 가장 중요한 관계에 대해 확신하게 된다'고 말한다. 그리스도인에게는 생각과 감정이 모두 중요하다. 하나님은 생각과 감정 모두를 속량하시며, 이 둘에 의해 하나님이 누구신지 알려지기 때문이다. 우리는 이렇게 말하는 사람이 되어야 한다. "하나님이여 사슴이 시냇물을 찾기에 갈급함 같이 내 영혼이 주를 찾기에 갈급하니이다"(시 42:1).

1. 저자는 할아버지의 오두막을 방문한 이야기를 한다. 그곳에는 하나님의 임재가 항상 있었다. 당신도 삶에 많은 영향을 받은 사람이 있는가? 그들의 성품이나 행동, 환경을 설명해 보자. 어떤 점에서 하나님이 그들과 함께하신다고 확신하는가?

2. 그리도인이 된 당신이 하나님과의 관계에 확신을 얻는 데는 당신의 마음이 무엇을 갈망하느냐와 관련이 있다. 하나님은 당신의 갈망을 어떻게 바꾸셨는가?

DO I KNOW GOD?

3. 당신은 하나님을 지적으로 추구하는가, 감정적으로 추구하는가? 거기에 위험한 부분은 없는가? 또는 어떤 부분이 취약하다고 느끼는가? 이를 어떻게 보완하여 하나님을 더 사랑할 수 있을까?

4. 마음과 생각의 조화가 성경의 일관된 주제라고 할 때 마태복음 22장 37절, 요한복음 4장 23-24절, 고린도전서 14장 15절, 에베소서 4장 15절을 읽고 어떤 도전을 받는가?

5. 당신은 무엇을 가장 사랑하는가? '이것이 없으면 난 행복하지 않아'라고 말할 정도로 사랑하는 것이 있는가?

8. 삶에서 순종을 경험할 때

하나님과의 관계는 하나님께 달려 있다. 하나님께서 일하실 때 우리는 그분의 자녀로 입양될 수 있다. 그러나 하나님과의 친밀함은 우리에게 달렸다. 가족끼리 친밀함을 유지하는 데도 노력이 필요하듯, 하나님과의 친밀함 역시 지키려는 노력이 필요하다.

저자는 하나님께 순종함으로써 그분과 친밀함을 누린다고 설명한다. 그러나 그리스도인의 죄와 불순종이 삶을 파괴하고 영혼을 오염시키며 성장을 가로막고 하나님의 임재와 은혜를 느끼지 못하게 한다. 즉, 순종은 우리가 하나님과 진정한 관계 가운데 있음을 보여 주는 증거다.

1. 하나님과 관계를 맺는 것과 그분과 친밀함을 누리는 것의 차이는 무엇인가? 하나님과의 관계는 영원한 안전과 어떻게 연결되는가? 하나님과의 친밀함은 구원의 확신과 어떻게 연결되는가?

2. 우리는 어떤 동기로 하나님께 순종해야 하는가?(요 14:15 참조)

DO I KNOW GOD?

3. 요한일서 2장 3-6절을 보자. 주 여호와께 순종하는 것이 우리가 하나님을 안다고 확신하는 증거가 되는가?

4. 죄를 지을 때 당신은 어떻게 반응하는지 생각해 보라. 어떤 감정과 걱정이 제일 먼저 떠오르는가? 죄책감과 양심의 가책과 후회가 생기는가? 하나님이 당신의 죄를 어떻게 생각하실지 걱정되는가? 당신의 경험으로 볼 때 불순종의 단기적, 장기적 결과는 무엇인가?

5. 그리스도를 믿은 후 당신의 행동은 어떻게 달라졌는가? 그동안 모르는 척을 했지만, 좀 더 순종이 필요한 부분이 있는가?

PART 4
진짜 확신도 흔들리나요?

9. 저절로 깊어져야 진짜라는 착각

앞장에서 순종이 구원의 확신을 굳건히 한다고 설명했다. 이번 장에서는 실제적인 적용을 다룬다. 건강한 관계는 세심한 관심으로 성장하며, 그렇지 않을 때 약해진다. 하나님과의 관계를 위한 영적 훈련의 기본 세 가지는 성경 읽기, 기도, 교회에 대한 헌신이다. 성경 말씀을 기억하라. "하나님을 가까이하라 그리하면 너희를 가까이하시리라"(약 4:8).

1. 다음 구절을 읽고 각 말씀이 가르치는 바를 설명해 보자. 시 119:33-38; 눅 11:1-13; 엡 2:19-22.

2. 성경을 읽고 따르는 것은 하나님과의 관계에 어떤 도움을 주는가? 많은 그리스도인이 유익을 알면서도 성경 읽기를 열심히 하지 않는다. 성경에 대한 당신의 태도는 어떤가?

DO I KNOW GOD?

3. 기도는 무엇인가? 기도는 왜 중요한가? 기도 생활의 개선을 위해 무엇을 할 수 있을까?

4. 지역 교회에 열심히 참여하는 것은 왜 중요한가? 교회는 특별한 은혜의 자리라고 했는데 그 의미는 무엇인가? 당신은 현재 지역 교회에 헌신하는가?

5. 하나님과의 관계를 개선하는 훈련을 못 하도록 가로막는 장애물은 무엇인가? 장애물에 부딪쳤을 때 당신은 보통 어떻게 반응하는가? 즉각적이고 확인 가능한 개선을 위해 이번 주에 한 가지만 시도한다면 무엇을 하겠는가?

10. 그래도 찾아오는 어둠의 시기

우리가 하나님께 가까이 갔는데도 하나님이 우리를 떠나신 듯한 느낌이 든다면 어떻게 해야 할까? 많은 하나님의 자녀들은 하나님의 침묵이라는 고통의 시기를 겪는다. 저자는 이 끔찍한 경험이 어떤 면에서는 위안이 된다고 말한다. 하나님과의 관계가 깊지 않다면 이 시기가 그토록 괴롭지 않을 것이기 때문이다. 어둠의 시기에 우리는 하나님에 대한 기다림과 신뢰와 믿음으로 사는 법을 배운다.

1. 하나님이 멀리 계신 듯 느껴지던 시기가 있는가? 그때 느낌을 말해 보자. 그때 당신은 삶이나 환경에서 잘못된 점을 발견했는가? 아니면 아무 이유 없이 하나님이 떠나신 듯 느껴졌는가?

2. 성경학자들은 시편 42편과 43편은 원래 하나라고 말한다. 이 두 편을 읽고 대답해 보자. 두 시편의 기자는 하나님과 분리된 기분을 어떻게 표현했는가? 또 하나님을 향한 갈망은 어떻게 표현했는가? 그는 하나님께 무엇을 간구하는가? 어떻게 소망을 붙드는가?

DO I KNOW GOD?

3. 하나님의 부재를 느낄 때 그리움이 더욱 커지는가, 아니면 마음만 불안해지는가? 그리움을 크게 하고 불안감을 없애려면 어떻게 해야 할까?

4. 하나님을 느낄 수 없을 때 그분을 신뢰하기 어려운 이유는 무엇인가? 하나님께서 당신을 돌보신 방법들을 떠올려 보자. 하나님의 부재를 느낄 때도 그분의 선하심을 신뢰할 수 있겠는가?

5. 하나님을 기다리는 일은 왜 힘든가?(시 37:7 참조) 영혼의 어두운 밤을 보낼 때 왜 하나님을 기다려야 하는가?

PART 5
하나님, 더욱 알기 원합니다

11. 그리스도인을 기다리는 최고의 결과

하나님을 알 때 우리가 누리는 최고의 유익은 그분을 '영원히' 알게 된다는 점이다. 그러나 불행히도 많은 그리스도인은 죽은 다음에 있을 그들의 운명에 대해 부정확하고 매력적이지 않은 생각을 갖고 있다. 예수님은 이 훼손된 세상보다 더 나은 곳을 그리스도인에게 약속하셨다. 저자는 하나님의 모든 자녀들에게 예비된 새 하늘과 새 땅을 성경적 관점에서 설명하면서 책을 마무리한다.

1. 저자는 하나님이 우리의 가장 깊은 갈망을 만족시키고 우리의 가장 높은 꿈을 이루실 날이 올 거라고 말한다. 영원히 이루어질 수 없다고 생각하는 당신의 꿈과 갈망이 있다면 말해 보자.

2. 하나님과의 관계를 통해 최고를 경험할 수 있는 인간에게 죄는 어떠한 영향을 미쳤는가?(롬 8:18-25 참조)

3. 최후 부활은 무엇인가?(고전 15:12-58 참조) 최후 부활은 무엇을 기반으로 하는가? 최후 부활이 일어날 것을 우리는 어떻게 아는가? 새로운 몸과 새로운 세계에 대한 약속은 우리가 1장부터 10장까지 배운 내용과 어떻게 연관 지을 수 있을까?

4. 요한계시록 21:1-22:5에 나오는 새 하늘과 새 땅에 대한 설명을 읽어 보자. 부활 후의 삶에서 당신이 가장 기대하는 것은 무엇인가? 그 이유는?

5. 하나님과의 영원한 관계에 대한 확신은 지금 당신의 삶에 어떤 영향을 미칠까? 확신은 당신의 선택과 기분과 용기에 어떤 영향을 주는가?

감사의 글

지난 18개월 동안 함께해 준 여러분께 감사드립니다.

먼저 조시 해리스는 제 생각을 책으로 내 보라며 처음 제안했습니다. "조시, 그날 할아버지 댁에서 얘기했던 것 기억하나? 자네는 나에게 책을 써 보라고 끈질기게 설득했지. 그리고 얼마 뒤 출판사에 연결시켜 주었어. 정말 고맙네!"

조시의 추천을 받고 관심을 보이며 지원해 준 케빈과 멀트노마(Multnomah) 출판사에 감사드립니다.

데이비드 캅은 제게 아버지 같은 분으로, 처음부터 끝까지 저의 인도자요, 지원자요, 응원자 역할을 톡톡히 하셨습니다.

래리 윌슨의 겸손과 인내와 언어 감각과 교정 능력은 제가 저만의 목소리를 발견하는 데 큰 도움이 되었습니다. 뒤죽박죽인 말을 의미 있는 말로 바꾸도록 도와준 래리에게 깊은 감사를 드립니다.

존 프레임, 마크 푸타토, 캐롤린 니스트롬, 모리스 로버츠, 지미 브래넘, 스코트 코크랜, 제임스 패커, 오스 기니스, 래비 재커라이어스, 다니엘 뒤랑, 마크 데버, 데이비드 웰스. 다듬어지지 않은 저의 원고를 읽고 격려와 조언과 지적을 아끼지 않아 주신 여러분들께 감사합니다.

부족한 저를 목사로 받아 주고 지금까지 도와준 뉴시티교회 가족들에게도 감사합니다. 여러분의 격려 덕분에 제가 계속 설교를 하고 책을 씁니다.

브랜든, 딜런, 폴, 라나, 크리스틴, 디나, 웬디, 마크, 존, 제프,

짐, 밀란, 스티브. 제가 책을 쓰느라 바쁜 동안 뉴시티교회의 업무를 잘 맡아 주어 감사합니다. 이들과 함께 교회를 섬기는 것은 제게 큰 영광입니다.

서문을 써 주신 빌 할아버지. "지난 60년 동안 예수님을 신실히 섬긴 할아버지 덕분에 우리 아이들과 우리 아이들의 아이들이 축복을 받을 겁니다. 제 평생 가장 친한 친구이자 가장 신뢰할 수 있는 조언자가 되어 주셔서 감사해요."

우리 아이들, 게이브, 네이트, 제나. "내가 너희를 얼마나 사랑하는지 말로는 도저히 표현할 수 없다. 아빠가 책을 쓰는 동안 잘 참아 주어서 고맙다."

사랑하는 아내 킴. "당신은 내 평생의 사랑이자 귀한 아내이고 내게 가장 소중한 사람이야. 하나님은 모든 걸 아시고 당신을 내게 주셨나 봐. 사랑해, 여보!"

그리고 모든 것을 주신 나의 주님이자 구원자이신 예수 그리스도께. "당신은 영원히 제 왕이십니다. 저를 구원하시고 사랑하시고, 앞으로 가장 좋은 것을 주시겠다고 약속해 주셔서 감사해요. 제 자신과 제 모든 소유는 주님의 것입니다. 이 책도 물론 주님의 것입니다. 이 책이 주님의 영광스러운 이름을 전파하는 데 사용되기를 기도합니다. 모두가 주님을 위한 것입니다!"

_ 튤리안 차비진

주

PART 1 하나님, 제가 하나님을 아나요?

1. 세상의 거짓말, 하나님은 알 수 없어!

1. Blaise Pascal, *Penses*, trans. A. J. Krailsheimer (London: Penguin Books, 1995), 285-86.
2. Blaise Pascal, *Aflame with Love: Selections from the Writings of Blaise Pascal*, comp. Robert E. Coleman (Minneapolis: WorldWide Publications, 1974), 17.
3. R. C. Sproul, *Essential Truths of the Christian Faith* (Wheaton, IL: Tyndale, 1992), 32.
4. J. I. Packer, *Hot Tub Religion: Christian Living in a Materialistic World* (Wheaton, IL: Tyndale, 1987), 25.
5. Fanny Crosby, "Blessed Assurance."

2. 하나님을 정말로 안다는 것

1. J. I. Packer, *Concise Theology: A Guide to Historic Christian Beliefs* (Wheaton, IL: Tyndale, 1993), 82.
2. Shannon Baker, "Chapman Sees Adoption as the 'Visible Gospel,'" *Baptist Life*, November 1, 2004.
3. John R. W. Stott, *Men with a Message* (London: Longmans, 1954), 126.
4. Billy Graham, *Peace with God* (Minneapolis: Grason, 1984), 219.
5. Joseph Hart, "Come Ye Sinners, Poor and Needy."

PART 2 저의 확신이 가짜면 어떡하죠?

3. 영접 기도 했으니 괜찮을까?

1. Donald S. Whitney, *How Can I Be Sure I'm a Christian? What the Bible Says About Assurance of Salvation* (Colorado Springs, CO: NavPress, 1994), 115-16.
2. Charles Wesley, "And Can It Be That I Should Gain?"

4. 교회를 열심히 섬기면 괜찮을까?

1. Don W. Robertson, *The Christian Sabbath* (Coulterville, IL: New Creation Publications, 2001) 참조.
2. Isaac Watts, "When I Survey the Wondrous Cross."
3. 우리 문화의 영적인 관심에 대해서는 다음 책을 추천한다. David F. Wells, *Above All Earthly Pow'rs: Christ in a Postmodern World* (Grand Rapids: Eerdmans, 2005).
4. 좀 더 알고 싶다면 다음 책을 추천한다. Peter L. Berger and Richard John Neuhaus, eds., *Against the World for the World: The Hartford Appeal and the Future of American Religion* (New York: Seabury, 1976).
5. N. T. Wright, *Simply Christian: Why Christianity Makes Sense* (New York: HarperCollins, 2006), 25.

5. 선행을 많이 하면 괜찮을까?

1. Gerrit Scott Dawson, *Jesus Ascended: The Meaning of Christ's Continuing Incarnation* (Phillipsburg, NJ: P&R Publishing, 2004), 124.

PART 3 하나님을 아는지 어떻게 아나요?

6. 하나님의 약속을 믿을 때

1. Byron Johnson and others, "Losing My Religion? No, Says Baylor Religion Survey," September 11, 2006, Baylor Institute for Studies of Religion, Waco, Texas.

2. Richard L. Pratt Jr., *Every Thought Captive* (Phillipsburg, NJ: P&R Publishing, 1979), 17.
3. R. C. Sproul, *One Holy Passion: The Consuming Thirst to Know God* (Nashville: Thomas Nelson, 1987), 18.
4. John R. W. Stott, *The Contemporary Christian: Applying God's Word to Today's World* (Leicester, England: InterVarsity Press, 1992), 82.
5. C. S. Lewis, *Mere Christianity* (New York: HarperCollins, 2001), 216.

7. 마음과 생각을 점검할 때

1. John Piper, *When I Don't Desire God: How to Fight for Joy* (Wheaton, IL: Crossway, 2004), 31.
2. J. C. Ryle, *Practical Religion* (Grand Rapids: Baker, 1977), 11.
3. F. W. Faber, quoted in Ralph G. Turnbull, *A Minister's Obstacles* (1946; repr., Grand Rapids: Baker, 1972), 97.

8. 삶에서 순종을 경험할 때

1. John R. W. Stott, *Basic Christianity* (Downers Grove, IL: InterVarsity Press, 1958), 135.
2. John Murray, *Redemption Accomplished and Applied* (Grand Rapids: Eerdmans, 1955), 145.
3. Henry Martyn, "Journals and Letters of the Rev. Henry Martyn," June 1, Project Canterbury, http//anglicanhistory.org/india/martyn/1804.html.

PART 4 진짜 확신도 흔들리나요?

9. 저절로 깊어져야 진짜라는 착각

1. 하나님과의 관계를 훈련하는 데 도움을 주는 책들이 많다. 도널드 휘트니의 『영적 훈련 *Spiritual Disciplines for the Christian Life*』, 달라스 윌라드의 『영성 훈련 *The Spirit of the Disciplines*』, T. M. 무어의 『은혜 받는 연습 영성 훈련 *Disciplines of Grace*』을 추천한다.

2. T. M. Moore, *Disciplines of Grace: From Spiritual Routines to Spiritual Renewal* (Downers Grove, IL: InterVarsity Press, 2001), 45-46.
3. 구입은 여기를 참조하라. www.navpress.com/Store/Product/1576839745.html.

10. 그래도 찾아오는 어둠의 시기

1. 시편 6, 10, 13, 42, 63, 69편을 참조하라. 사람의 기질과 관련해 불평과 애통 사이에는 큰 차이가 있다. 불평은 하나님을 대적하며 외치는 것이고, 애통은 하나님을 향해 외치는 것이다. 불평은 자기중심적이며 애통은 하나님 중심적이다. 불평은 하나님의 섭리를 대적하는 외침이고, 애통은 하나님의 섭리에 대한 외침이다. 따라서 불평은 죄이지만 애통은 죄가 아니다.
2. Larry Crabb, *Finding God* (Grand Rapids: Zondervan, 1993), 11.
3. J. I. Packer, ed., *Puritan Papers* (Phillipsburg, NJ: P&R Publishing, 2000), 1:36.

PART 5 하나님, 더욱 알기 원합니다

11. 그리스도인을 기다리는 최고의 결과

1. C. S. Lewis, *The Problem of Pain* (New York: Macmillan, 1962), 145.
2. J. C. Ryle, *Practical Religion* (1883, repr., Grand Rapids: Baker, 1977), 40.
3. Albert M. Wolters, *Creation Regained: Biblical Basics for a Reformational Worldview* (Grand Rapids: Eerdmans, 1985), 46.
4. John R. W. Stott, *Basic Christianity* (Downers Grove, IL: InterVarsity Press, 1958), 135.
5. K. Scott Oliphant and Sinclair B. Ferguson, *If I Should Die Before I Wake: What's Beyond This Life?* (Fearn, Scotland: Christian Focus, 2004), 71.
6. John R. W. Stott, *The Contemporary Christian: Applying God's Word to Today's World* (Leicester, England: InterVarsity Press, 1992), 85.
7. Randy Alcorn with Linda Washington, *Heaven for Kids* (Carol Stream, IL: Tyndale, 2006), 56.
8. Alcorn with Washington, *Heaven for Kids*, 53.
9. 이메일에서 내가 인용한 곡은 스튜어트 타운엔드(Stuart Townend)의 "아름다운 구원자(Beautiful Savior)"이다.

사명선언문

너희가 흠이 없고 순전하여……세상에서 그들 가운데 빛들로
나타내며 생명의 말씀을 밝혀 _ 빌 2:15-16

1. 생명을 담겠습니다
만드는 책에 주님 주신 생명을 담겠습니다.
그 책으로 복음을 선포하겠습니다.

2. 말씀을 밝히겠습니다
생명의 근본은 말씀입니다.
말씀을 밝혀 성도와 교회의 성장을 돕겠습니다.

3. 빛이 되겠습니다
시대와 영혼의 어두움을 밝혀 주님 앞으로 이끄는
빛이 되는 책을 만들겠습니다.

4. 순전히 행하겠습니다
책을 만들고 전하는 일과 경영하는 일에 부끄러움이 없는
정직함으로 행하겠습니다.

5. 끝까지 전파하겠습니다
모든 사람에게, 땅 끝까지, 주님 오시는 그날까지
복음을 전하는 사명을 다하겠습니다.

서점 안내

광화문점   서울시 종로구 새문안로 69 구세군회관 1층
02)737-2288(T) 02)737-4623(F)

강남점   서울시 서초구 신반포로 177 반포쇼핑타운 3동 2층
02)595-1211(T) 02)595-3549(F)

구로점   서울시 구로구 시흥대로 577 3층
02)858-8744(T) 02)838-0653(F)

노원점   서울시 노원구 동일로 1366 삼봉빌딩 지하 1층
02)938-7979(T) 02)3391-6169(F)

분당점   경기도 성남시 분당구 황새울로 315 대현빌딩 3층
031)707-5566(T) 031)707-4999(F)

신촌점   서울시 마포구 서강로 144 동인빌딩 8층
02)702-1411(T) 02)702-1131(F)

일산점   경기도 고양시 일산서구 중앙로 1391 레이크타운 지하 1층
031)916-8787(T) 031)916-8788(F)

의정부점   경기도 의정부시 청사로47번길 12 성산타워 3층
031)845-0600(T) 031) 852-6930(F)

인터넷서점   www.lifebook.co.kr